명리육친 성명학

命理六親 姓名學

이름이 운명을 좌우할까? 내 이름이 궁금하다

의학박사 **정창근** 지음

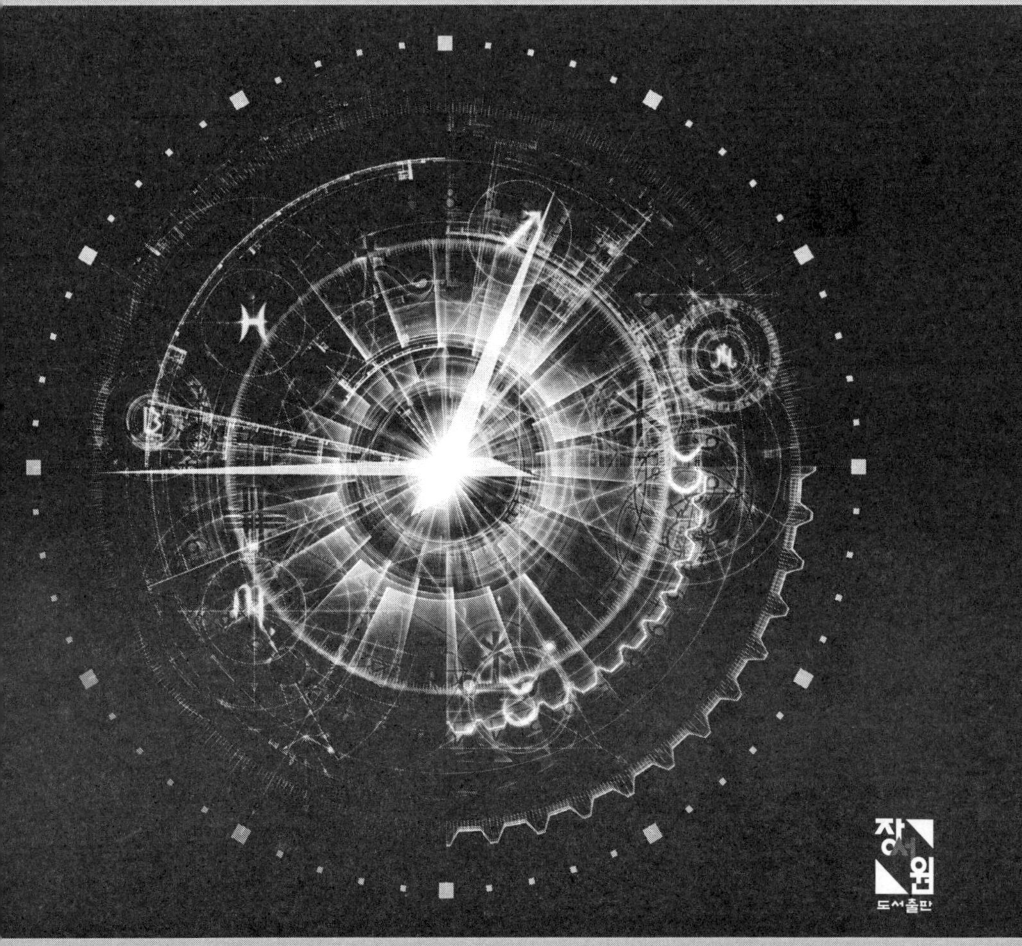

장서원 도서출판

머리말

1988년에 처음으로『파동성명학』에 대한 이론을 "이우람" 국제 성명학회 회장을 만남으로써 깊은 관심과 열정으로 연구하기 시작하였다.

그전까지는 동양권의 국가에서 계속 사용하여 오던 한문에 의한 획수劃數 위주의 성명학과 작명법에 젖어있던 성명학자나 작명자게는 적지 않는 충격적이었다고 할 수 있다.

필자는 어린 시절 청주시 율량동에 있는 덕성 초등학교 때부터 서당에 다닌 인연으로 주역과 명리학, 성명에 대한 관심이 많았다. 그 후 군복무 하는 동안 장병들의 상담에 많은 경험을 토대로 연구하고 분석하기 시작한지 20년이 지나서 대구 2군 사령부에 부임하면서 "이우람 회장과 "정보국" 원장을 만나서 밤을 새워가며 본격적으로 연구 분석하기 시작하였다.

운명을 결정하는 요소에는 타고난 사주, 부르는 이름, 음택과 양택을 포함한 풍수지리, 외모에서 풍기는 관상, 사회적인 환경, 정신력과 건강 등 다양한 요소들에 의해 기준을 두고 있다. 그러나 태어나기 이전은 사주라고 하여 선천적 운명이고, 태어난 이후 이름은 후천적 운명이라 하여 크게 두 가지로 대별 할 수가 있다.

한국에서는 한 시간에 약 80명씩, 일본에서는 약 130명씩 태어난다면 한국에서 일 년에 태어나는 신생아가 70만 명이고 전 세계적으로 일억이 넘는 수많은 사람들이 태어난다. 그 중에서 누가 행복하고 불행 할 것인가 의문이 생길 것이다.

“이우람” 선생의 학설은 『파동성명학』이라고 하여 어느 나라의 이름이라도 풀어보거나 지을 수 있는 세계적인 공통된 작명법이므로 모든 이름은 이 법칙에 따라야 좋은 이름을 갖게 되는 것이다.

그 동안 20여년 대학에서 파동성명학례 대한 이론을 강의해왔고, 실증상담을 통하여 얻은 결론은 타고난 사주에 의한 선천적 운명에 기준을 두어야 된다는 절실한 사실을 알게 되었다. 그러므로 필자는 작명을 하기 전에 사주를 명리학적으로 분석하여 성격, 직업, 부부 및 가족관계, 일생동안의 길흉화복을 판단한 다음 없는 오행을 찾아 넣고 육친관계에서 편중되어 있는 것을 소통할 수 있는 중심명운을 보완하여 작명하는 방법인 『명리육친 성명학』의 이론을 성명학연구자들에게 조금이라도 더 도움이 되었으면 하는 마음에서 출간하게 되었다.

일러두기

1. 성명학의 명칭은 한문의 획수에 따라 원형이정元亨利貞으로 논하는 『수리성명학』, 자음과 년간年干을 위주로 고유회전수를 찾는 『파동 성명학』, 자음과 모음을 통합하여 년간을 위주로 고유 회전수를 찾는 『한글 파동성명학』, 사주의 용신분석을 우선하여 년간年干의 자음을 위주로 한 『명리 육친성명학』, 부르는 소리에 의하여 인체의 뇌파, 맥파, 오장육부 등 생체에너지의 영향을 추정하는 ssc58 작명 상담모델에 의한 과학적 접근 방법을 적용하는 『이름에너지 성명학』으로 대별할 수 있다.

2. 선천적인 사주팔자를 사주원국四柱原局이라고 하는데 원명原命이라고도 하고 이름의 세 글자를 본명本名이라고도 하는데 원명原命으로 통칭한다. 또한 유년流年을 일반적으로 세년歲年을 의미한다.

3. 한글 자음에서 후음喉音과 순음脣音이 성명학에서는 혼용混用 하여 사용하면서 학자들 간에도 서로 주장이 다르다. 『훈민정음 해례』를 기준 하는 후음(ㅁ, ㅂ, ㅍ)과 순음(ㅇ, ㅎ)을 "해례오음"이라 하고 "신경준申景濬"의 『훈민정음 운해』를 기준 하는 후음(ㅇ, ㅎ)과 순음(ㅁ, ㅂ, ㅍ)를 "운해오음"으로 표기한다.

4. 유년운의 기준은 이름의 원명原名과 세년의 관계에서 이루어져 일 년 운수를 예측하는 것이다. 파동(소리) 성명학이나 한글 파동 성명학에서는 세년을 기준하여 원명과의 관계를 보는 것에 반하여 「명리육친 성명학」에서는 원명을 기준하여 세년의 관계를 보는 것이다.

필자는 20년 동안 상담한 경험으로서는 원명原名을 기준으로 하는 것이 확률이 높은 결과로 나타났다. 가령 유년 기준으로 할 때에는 편인偏印(9)이 되는데 원명을 기준하면 상관傷官(4)이 되는 경우이다. 편인(9)은 도식倒食을 뜻하며 밥상을 엎는 격이니 이별, 병재, 파직, 파산을 뜻하는 파멸로 통변하는 것이고, 상관(4)은 실권, 관재, 망신을 뜻하므로, 편인(9)과 같은 불길한 운으로 통변하게 되니 유년 운에서는 두 가지 경우를 모두 적용하여 불행을 대비 하여야 한다.

5. 상극相剋 작용하는 회전수를 억제하면 오히려 대재大財를 얻거나 현처賢妻을 만난다는 논리이다. 가령 편관偏官(7) 이나 정관正官(8)이 있을 때 비견比肩(1)과 겁재劫財 (2)가 같이 있는 경우를 말한다. 명리 육친에서도 관성官星은 비겁比劫을 억제하는 논리가 파동 성명학에서도 같은 작용을 하는 경우인데 대재를 얻는 것보다는 대귀大貴가 되는 경우가 많다. 만약 재성財星(5,6)이 같이 있을 경우에만 대재가 적용되는 것이다.

또 하나의 경우는 식상食傷(3,4)이 관성官星(7,8)과 같이 있으면 부부이별이나 형벌刑罰의 재앙이 있다고 보는 것이다. 만약 인수印綬(9,10)가 식상食傷(3,4)을 억제하면 관성官星(7,8)이 오히려 대길大吉로 변화한다. 그러나 생살권을 가진 법관이나 군인, 경찰, 의약, 감사원, 언론, 방송계통에 직업을 가진 경우에는 오히려 대귀하다.

6. 과유불급過猶不及이라는 단어는 명리학이나 성명학에서 함께 적용되는 말인데 지나치거나 모자람은 같다는 뜻이다. 가령 원명原名에서 통상 3개 이상이 중복되는 경우를 말한다. 중복되었다는

것은 한쪽으로 편중하다보면 자연적으로 주위로부터 도외시되거나, 따돌림 당하거나, 자기도취에 빠지게 되어 독불장군으로 판단능력을 잃게 되는 경우가 많다.

그러나 개인적으로는 똑똑하지만 어려운 난관이 닥쳤을 경우에 상황처리 능력이 부족하다. 가령 '차지철', '최순실' 등의 이름은 ㅅ, ㅈ, ㅊ으로 편중되어 있다. 오음五音으로 말하면 金의 세력이 강하여 金에 해당되는 육친六親 회전수가 불길不吉하거나 상대적으로 상극相剋되는 木의 육친六親이 불길하게 되는 경우이다.

7. 이름에서 사용하는 용어를 정리하여야 상담하는 상대자가 혼돈하지 않는다. 궁宮, 성星, 중심명운中心名運, 중심회전수, 중심주파수, 고정회전수, 고정주파수, 파동회전수, 파동주파수 등 다양하게 사용하고 있다.

이름의 10가지 특성을 나타내는 것은 십대명운十代名運이라고 한다. 명리육친으로 지칭할 때에는 비견성比肩星, 겁재성劫財星, 식신성食神星, 상관성傷官星, 편재성偏財星, 정재성正財星, 편관성偏官星, 정관성正官星, 편인성偏印星, 정인성正印星이라고 칭한다.

명리육친을 숫자로 약칭할 때에는 일명운一名運, 이명운二名運, 삼명운三名運, 사명운四名運, 오명운五名運, 육명운六名運, 칠명운七名運, 팔명운八名運, 구명운九名運, 십명운十名運이라고 칭한다.

명리육친과 명리육친 성명학을 같이 병용할 때에는 비견성(1), 겁재성(2), 식신성(3), 상관성(4), 편재성(5), 정재성(6), 편관성(7), 정관성(8), 편인성(9), 정인성(0)이라고 칭한다.

이름의 가운데 글자가 가장 강한 소리의 파장에 영향을 주기 때문에 중심회전수라 불리기도 하지만 "중심명운中心名運" 이라고 칭한다. 년간年干을 기준으로 좌측左側 경우를 "선천중심 명운先天中心 名運", 지지地支의 정기正氣를 기준으로 우측右側 경우를 "후천중심 명운後天中心 名運"이라고 칭한다.

목차

1장 성명학 연구의 변천사

인사유명人死留名이요, 호사유피虎死留皮란 말은 인간사에서 사람의 이름이 중요하다는 것을 의미한다. 우리사회에서 교육수준이 높아지고 사회활동이 활발하면서 자기개발과 이미지에 대한 관심이 증가되고 있다. 이름이 개인의 인격권, 자기결정권, 행복추구권이라고 생각하기 때문에 행복을 추구하는 많은 사람들이 과거와는 다른 관점에서 자신의 이름에 관심을 갖게 된다.

사람의 이름에는 파동 에너지가 있어서 그 글자가 의미하는 뜻을 매일 듣고 부르면 파동 에너지의 영향을 받게 된다. 그러므로 좋은 파동 에너지를 가진 이름은 타인에게 불리어 질수록 자신의 기가 향상되고 재능을 북돋아서 성공을 돕지만 나쁜 이름은 심리와 사회적으로 영향을 미쳐서 상황을 더 나쁘게 만든다. 따라서 이름은 삶과 인성에도 영향을 미치게 된다.

지금까지 이름을 연구한 결과에 따르면 자존감, 학업성적, 심리와 건강, 직업, 범죄와 운명 등에 영향이 있다는 연구가 나왔으며 특히 스트레스와 관계가 높은 것으로 나타났다. 그렇다면 이름이 인성이나 삶에 어떤 영향을 미치는가에 의문을 가지게 한다. 먼저 우리나라의 성명학에 대한 변천사를 살피고 과학적인 이름에너지의 측정논리를 중심으로 이름이 인성과 삶에 미치는 영향을 탐구하여 작명에 대한 새로운 대안을 제시하고자 한다. 앞으로 성명학의 이론과 실제에 대하여 사례를 위주로 논하고자 한다.

1. 수리성명학

1920년 후반 일본에서 『성명의 신비』의 저자인 "구마사끼겐오"가 81개의 수에 담긴 의미와 길흉을 판단하는 작명법이 유입되면서 지금까지 한국의 작명가들에게 가장 많이 활용되고 있는 실정이다.

우리나라에서도 성명학의 대명사로 불리어졌던 "김봉수" 선생을 빼놓을 수가 없다. 선생은 81수리에 원형이정元亨利貞을 적용하면서 한글이름의 첫소리 자음만을 가지고 상생相生의 원리를 적용한 작명법이다.

가령 "김봉수"라는 이름은 첫소리 자음인 ㄱ木, ㅂ水, 수金은 ㅅ金이 ㅂ水를 금생수金生水하고, ㅂ水가 ㄱ木을 수생목水生木하여 『한글운해오행』으로 상생되었으니 길한 이름 이라고 하는 것이다. 최근에 『숫자에 숨겨진 비밀』의 저자인 "정재원" 선생도 81수리성명학을 활용하여 대중적 인기를 얻고 있다.

2. 파동성명학

1987년 『후천운』을 저술한 "이우람" 선생은 81수리학의 작명법은 중요하지 않다고 하였다. 사람에게는 태어난 년도를 기준으로 하여 부르는 소리의 파동에 의하여 한글자음의 소리를 오행으로 구분하여 오행이 상생 되도록 작명하는 방법을 창안한 것이다.

선생은 30년 동안의 통계로 『누가 함부로 이름을 짓는가』를 출간 하여 한때 베스트셀러가 되어 인기가 대단하였다. 파동(소리) 성명학은 미국, 소련, 프랑스, 일본 등 수많은 나라의 사람들도 불리어지는 발음으로 인간의 운명에 소리의 영향을 받아 작용한다는 사실을 증명하는데 노력하였다.

수리성명학에서는 첫소리 자음만 사용하였으나 파동(소리)성명학에서는 초성(첫소리) 뿐만 아니라 종성(받침소리)에도 상생법칙을 적용하는 이론이다. 특히 부르는 소리는 천간天干의 중심회전수에서 70%의 영향이 있고 성姓과 끝 글자에서 각각 15%의 영향이 있다고 한다.

지지地支에서는 50%의 영향이 있으며 지지地支의 중심 회전수에서 30%, 성과 끝 글자에서 각각 10%의 영향이 있다고 주장하는 학설이다. 종합적으로 천간 100%,지지 50%의 영향이 있다는 것이다.

필자도 20여 년 동안 대학에서 이 학설을 강의를 했고 신생아 작명 및 개명한 상담자들에게도 좋은 결과를 얻어 많은 호응을 받았다.

3. 명리육친성명학

수리성명학과 파동(소리)성명학을 동시에 적용하면서 상담자의 만족도에 중점을 두고 보완한 이론이다. 파동(소리)성명학은 그 사람의 성격, 직업, 육친관계, 궁합 등을 판단하는데 만족도를 만족 시킬 수 있다.

그러나 길한 운명은 언제까지 유지 될 것이며 또한 흉한 운명은 언제 일어나며 흉한 운에서 길한 운명으로 변화하는 시기는 언제인가에 대한 의문이 생기게 된다.

그러므로 길흉吉凶에 대한 변화의 시기를 알아내기 위해서는 상담자의 사주四柱를 분석하여 용신用神과 기신忌神을 판단하고, 대운大運과 세운歲運을 명리학命理學 적으로 분석하여, 생년生年의 간지干支와 이름의 자음오행에 육친六親(비겁比劫, 식상食傷, 재성財星, 관성官星, 인성印星)을 붙여서 상생상극相生相剋 으로 길흉吉凶을 판단하는 이론이다.

4. 한글파동 성명학

파동(소리)성명학의 이론과 유사하다.『성공하는 이름, 흥하는 상호』의 저자인 "예지연" 선생은 선천운이 좋은 사람은 이름이 그렇게 큰 영향을 미치지 않음으로 사주에 맞는 이름을 갖게 된다는 것이다. 그러나 선천운이 좋지 않는 사람은 대부분 그 사주에 맞지 않는 이름을 갖게 되어 힘들게 살아간다는 것이다. 같은 이름이라도 태어난 해에 따라 운이 달라지는 한글파동 성명학은 사주를 푸는 육친에 대하여 그 사람의 성격, 가족관계, 학력, 재물, 궁합 등도 알 수 있다고 하였다.

파동(소리)성명학은 자음만 중심으로 해석했기 때문에 모음도 함께 풀어야 제대로 된 파동성명학이라고 주장하는 이론이다. 그러므로 기존의 파동성명학에서 30% 이상의 부족한 부분을 보완하였다는 이론이다. 파동성명학의 가치가 대단한 것임을 인정하면서 하나의 완성된 소리란 자음과 모음이 함께 어우러져 소리가 형성되었을 때 파동이 발현發現 한다는 이론이다.

5. 이름에너지 성명학

지금까지의 성명학은 한문의 획수에 의한 "수리성명학" 부르는 소리에 의한 "파동(소리)성명학" 사주명리에 의한 "명리육친성명학" 한글 이름의 자음과 모음을 통합한 "한글파동성명학" 등으로 크게 나눌 수가 있다.

"이름에너지성명학"은 부르는 소리에 의하여 인체의 뇌파, 맥파, 음성 등의 에너지로 구성되어 있는 오장육부의 생체에 영향을 미친다는 이론이다.

『이름이 당신의 얼굴을 바꾼다.』의 저자인 "신상춘" 선생은 이름에너지를 "ssc58 작명상담모델"의 과학 장비로 5~10개의 이름을 측정하여 자신의 오장육부와 생체 에너지에 좋은 이름을 선택하면 자존감을 높이고 스트레스는 감소하게 되며 또한 컨디션을 조율하여 업무효율과 학업성적을 향상시켜 건강한 삶을 추구할 수 있다는 이론이다.

2장 좋은 이름은 어떻게 지어야 하는가?

1. 사주명리와 이름의 음양오행이 조화가 되어야 한다.

사람이 태어날 때 연월일시年月日時의 천간天干과 지지地支인 사주팔자는 년주年柱, 월주月柱, 일주日柱, 시주時柱의 간지干支가 팔자八字이고 음양오행陰陽五行은 10가지이다. 사주에서 모자라는 오행을 이름에서 보완시켜야 한다는 것이 가장 기본이다.

그 다음에 자신의 태어난 출생년도에 맞는 육친 중심명운수를 찾아서 이름의 한글 발음이 가능한 상생하도록 지어야 한다. 출생년도를 중요시 하는 것은 명리학에서는 조상을 뜻하여 뿌리로 보고 있는 것이며 아기가 태어날 때 아기의 이름은 대체로 부모보다는 조부모가 지어주는 경우가 많기 때문이다.

2. 명리육친과 이름육친이 상호 보완되어야 한다.

부모나 형제자매, 배우자와 자녀에게 해害가 되지 않고 서로 상생하고 원만하여야 화목한 가정을 이루게 되는 것이다. 가령 남자가 형제자매를 뜻하는 비겁比劫이 중복되어 있으면 아버지와 처를 손상損傷시키거나 재산상에도 손재損財를 당하여 빈천하게 살아가게 된다. 여자의 경우는 이름에 관살官殺이 중복되어 있으면 남편과 이별을 하거나 재가하여 곤고하게 살아가게 되는 경우가 많기 때문이다.

3. 선천적 적성과 이름육친의 직업과 일치 되어야 한다.

사주명리를 분석함으로서 사주 원국原局의 왕쇠강약旺衰强弱을 판단하여 용신用神을 찾으면 직업을 찾아 낼 수가 있다. 가령 태어난 일주日主가 木이고 원국에 나무가 과다하면 金으로 솎아 주거나 잘라내어 큰 나무로 성장시켜야 한다. 그러므로 이름에도 金에 해당하는 "ㅅ, ㅈ, ㅊ"의 글자를 넣어 이름을 지어야 한다. 또한 金에 해당하는 육친六親은 관성官星이므로 선천육친중심 명운은 관성(7, 8)이 되도록 지어야 한다.

4. 한문 획수에 의한 원형이정에 맞추어 길한 수를 찾는다.

인명용 한자 8142자 중에서 뜻도 긍정적이고 희망적인 내용을 담긴 한자를 찾아서다. "81수리성명학"에 있는 길吉한 수數를 선택한다. 획수에 너무 집착할 필요는 없지만 원형이정元亨利貞에서 4개에 중 3개(75%) 이상으로 수를 맞추어도 무난하다.

5. 부르기 쉽고 듣기 좋아야 한다.

이름은 평생 동안 불러지기 때문에 딱딱하고 강한 인상보다는 부드럽고 친근감을 느끼는 것이 좋다. 발음이 한 쪽으로 편중되거나 중복되는 경우에 신중하게 선택해야 한다.

가령 "차지철"이나 "최진실"의 이름은 金의 기운이 과도하게 편중되어 있다. 특히 발음이 나쁘거나 저속한 것이 연상되거나 놀림감이 되는 경우는 피하여야 한다. 가령 "김치국"이나 "조지나"의 경우이다.

3장 한글의 창제원리와 오행의 분류

1. 파동의 원리

“에마토미사루” 의 『물은 답을 알고 있다.』 라는 책을 읽으면서 너무 감격하였기 때문에 특강을 요청 받을 때마다 약방의 감초처럼 “현대명리학과 성명학” 강의 주제의 첫 번째 타이틀이기도 하다.

“고맙습니다.” “예뻐요” “정말 멋져요.” “사랑, 감사” 등 이런 글자를 물에 보여 주면 그 물의 결정은 정말 아름다운 모습으로 나타난다.

영하 25^{0}c에서 두시간반 동안 냉동하면 동그란 알갱이가 형성되는데 그것을 다시 5^{0}c로 맞춰진 방에서 200배의 배율을 가진 현미경으로 들여다보면 결정이 나타나는 시간은 2분에 지나지 않지만 작고 하얀 알갱이가 육각형 모양을 띠었다가 녹아 버린다.

물의 결정을 보여 주는 것은 보이지 않는 “파동”의 세계라는 것입니다. 파동을 설명하기 위한 키워드는 “진동” “공명” “닮은 꼴”로 요약할 수 있다.

첫째는 “진동”입니다.

우주 만물은 독자적인 주파수로 진동하고 있으며 파장을 지니고 있습니다. 물질의 본질은 입자이면서 동시에 파장입니다. 생물이건 광물이건 눈에는 보이는 것, 손으로 느낄 수 있는 것은 모두가 한결같이 진동하면서 고유의 주파수를 가지고 있습니다.

눈에 보이지 않는데도 빛깔을 구별할 수 있다든가, 초능력자 가운데는 눈을 감고 손으로 만져서 글을 읽기도 한다든가, 어떤 글자를 써서 물이 든 병에 붙이거나 사진 위에 물을 올려놓았을 때 물 결정에 변화가 일어난다는 것은 물이 글자와 사진의 파동을 확실하게 감지하여 기억하기 때문일 것입니다. 물은 감각을 가지고 있는 것입니다.

둘째는 “공명”입니다.

공명이라는 것은 파동으로 전달되는 과정에서 전달되는 정보가 보내는 쪽과 받는 쪽이 있다는 것입니다. 흔히 호흡이 잘 맞지 않는 다는 것은 두 사람 사이에 정보가 잘 통하지 않는 다는 뜻입니다. 공명이라는 것은 일상생활에서 찾을 수가 있는 것입니다.

당신이 “저 사람이 싫어” 하고 생각하면 그 쪽 사람도 당신을 달갑지 않게 생각하고 있다는 것입니다. 당신이 어떤 사람에게 사랑의 마음을 품으면 그 파동은 반드시 상대에게 전해진다는 것입니다. 파동의 세계를 아는 사람은 세상을 살아가는데 얼마나 아름다운지를 알게 하는 것이기도 합니다.

셋째는 "닮은꼴"입니다.

닮은꼴이란 미시세계는 거시세계를 상징하고 거시세계는 미시세계를 확대한 세계라는 것입니다. 태양의 주위를 도는 아홉 개의 별은 원자핵 주위를 도는 전자를 상징하고 사람의 몸에서 일어나는 현상은 대자연에서 일어나는 모든 현상의 축소판이라고 할 수 있습니다. 이것을 "프랙털" 이론과 통하는 것입니다.

가령 나뭇가지를 보면 가지 끝이 갈라지는 모양과 큰 나무에서 큰 가지가 갈라져 나오는 모습과 비슷합니다. 해안선이나 강의 굽이, 구름의 모양도 "프랙털" 구조입니다. 그러므로 물의 결정도 그러합니다. 물의 결정은 물 분자가 결합할 때 육각형 구조가 되어야 안정을 취할 수 있는 것입니다. 이렇게 미시세계를 관찰하면 거시세계를 이해할 수 있고 거시세계를 살펴보면 미시세계를 알 수 있는 것입니다.

세 개의 병에 밥을 넣고 하나에는 "고맙습니다." 라는 말을 하고, 다른 하나에는 "망할 놈"이라는 말을 하고, 나머지 하나에는 그냥 무시해버립니다. 그러면 "고맙습니다."라고 말을 한 밥은 발효하여 좋은 향기를 내고, "망할 놈"이라고 말한 밥은 썩어 검게 변하고 맙니다. 그중 가장 부패가 심한 것은 무시해 버린 밥입니다. 악취가 너무 심해 코를 갖다 대기가 겁이 날 정도입니다.

이런 결과가 나온 뒤에 이 병 세 개를 초등학교 한 교실에서 세 개의 병 모두 "고맙습니다."라는 말을 들려주었을 때 썩은 밥이라 해도 다시 눈길을 주고 말을 걸면 소생할 수 있음을 보여 준 것입니다.

열 살 난 소녀가 해바라기를 키우는 실험을 하였다. 우선 해바라기 씨앗을 넣은 두 개의 봉투와 화분, 물을 넣은 패트병에 각기 "고맙습니다." "망할 놈"이라고 적고 또 그런 말을 하면서 씨앗을 키웠다고 합니다. 그러자 "고맙습니다."라고 쓴 해바라기는 윤기가 흐르는 둥그런 잎사귀를 달고 무럭무럭 자랐습니다. 그러나 "망할 놈"이라고 쓴 해바라기는 잎도 거칠고 쭈글쭈글 하고 키도 많이 자라지 않았다고 합니다.

식물도 자신의 뜻을 가진 생명체이다. 말에 따라 이렇게 식물이 성장이 달라 질 수 있습니다. 이 실험을 한 소녀의 어머니는 편지에서 이렇게 말하였다. "이것이 해바라기가 아니고 우리 아이들이라면 어떻게 될까요?"

2. 한글에 숨겨진 숫자의 비밀

※유네스코 세계기록문화유산1호(제C-2014-016714호)

자음 : ㄱ(1), ㄴ(2), ㄷ(3), ㄹ(4), ㅁ(5), ㅂ(6), ㅅ(7), ㅇ(8), ㅈ(9), ㅊ(10), ㅋ(11), ㅌ(12), ㅍ(13), ㅎ(14)

모음 : ㅏ(1), ㅑ(2), ㅓ(3), ㅕ(4), ㅗ(5), ㅛ(6), ㅜ(7), ㅠ(8), ㅡ(9), ㅣ(10)

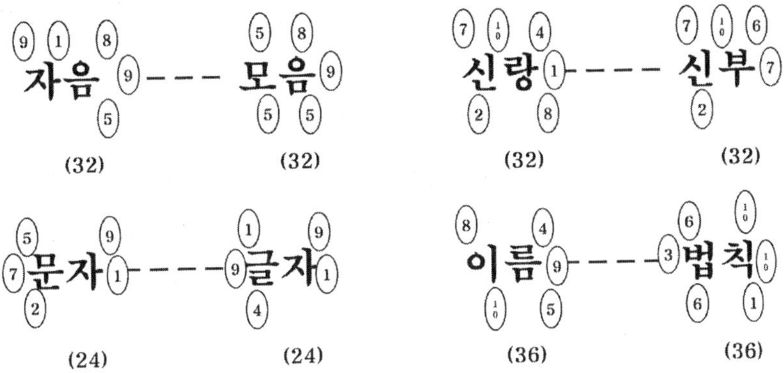

세종대왕이 창제한 표음문자(65)는 우주원리(65)이며 아날로그(35)와 디지털(51) 참진리(51)의 만남을 의미한다. 자연의 인과법칙(63)은 인과응보(63)의 법칙이므로 자신이 심은 대로 거두는 세상 이치(74)가 대자연의 법칙(74)의 순환법칙(74)을 "디지털 과학 육친 작명학" 한국저작권 제C-2014-016714호로 밝히는 새로운 차원의 학문이다.

생로병사(61)는 과학 이치(61)이기 때문에 생生(26)과 사死(8)는 하나이다. 생生의 26은 "2+6"으로 "8"이 되어 사死의 8과 같다는 이치이다.

음양오행陰陽五行(86)은 대우주법칙(86)으로 하늘(30)과 땅(15)의 논리를 연구하는 학문이며 한날한시에 태어난 쌍둥이도 형님(43)과 동생(41)이 정해지는 것이며, 아들(25)과 딸(11)로 태어난 것도 자연의 법칙(36)이며 성장하여 결혼하면 신랑(32)과 신부(32)가 되는 이치이다.

하늘의 30은 삼십(36)이고 땅의 15는 십오(36)이기 때문에 동일한 숫자로 나타나게 된다. 형님의 43은 사십사(44)의 소리로, 동생의 42는 사십구(49)의 소리로 바뀌었다.

44는 4+4로 8이 되고 49는 4+9로 13이 되었다. 13은 다시 1+3으로 한자의 수 4로 바뀌었으니 "사"는 8이 되므로 형님과 동생은 결과적으로 뿌리가 되어 같은 숫자가 나오게 되는 것이다.

음은 아내(22)이고 양은 남편(27)이니 역시 4(사)와 9(구)가 된다. 4(사)는 8이 되고 9(구)도 8이 되는 원리이다.

부모(23)는 자식(28)을 낳고 자식(28)은 자라서 부모(23)가 되는 것이니 부모(23)는 끝(23)이 되고 자식(28)은 시작(28)이 되는 원리이다.

그러므로 작명(28)은 시작(28)의 뜻이고 개명(29)은 교환(29)의 뜻이고 성명(35), 상호(35), 상표(35)는 같은 의미가 내포 되어 있다. 이것은 소리(26)가 빛(26)으로 전달되기 때문이다.

종교(29)는 천리(29)를 가르치는 기준(29)이다. 불교(24)는 6이고 기독교(27)는 9가 되고 스님(33)은 6이 되고 목사님(36)은 9가 되는 것이며 천주교(38)를 카토릭(38)이라고 하여 같은 의미의 뜻이다.

한글 속에 숨겨진 숫자의 신비를 자신의 이름(36)을 찾고 이름 속에 숨겨진 달란트(36)를 찾아 슬기롭게 지혜롭게 삶을 추구해야 한다.

3. 한글 창제의 원리와 자음오행

우리나라의 역사에서 우매한 백성들 깨우치고 문자를 만들어 민족문화를 꽃피우고 기술을 장려하여 오늘날 세계에서 선진국으로 진입하게 이끌어 준 인물이 세종대왕이라는 것을 누구나 알고 있는 것이다.

세종대왕世宗大王이 창제한 훈민정음訓民正音은, 닿소리 17자와 홀소리 11자로, 모든 소리를 만들어 낼 수 있는 소리글자이다. 훈민정음은 발음기관發音器官과 천지인天地人을 본떠서 창제 되었다.

자음에서, ㄱ, ㅋ은 어금닛소리 아음牙音으로 혓바닥을 입천장에 올려붙이고 혀뿌리가 목구멍을 막아내는 소리이다.

ㄴ, ㄷ, ㄹ, ㅌ은 혓소리 설음舌音으로 혀끝을 윗잇몸에 붙여서 내는 소리이다.

ㅁ, ㅂ, ㅍ은 입술소리 순음脣音으로 입술이 닫히는 모양을 따서 만들었다.

ㅅ, ㅈ, ㅊ은 잇소리 치음齒音으로 혀끝을 윗니 뒤쪽에 가까이 접근 시켜 이의 꼴을 본떠 만들었다.

ㅇ, ㅎ은 목구멍소리 후음喉音으로 목구멍에서 나는 것으로 목구멍을 본떠 만들었다.

닿소리는 ㄱ, ㄷ, ㅂ, ㅈ은 맑은 소리라고 하여 전청全淸이라 하고, ㅋ, ㅌ, ㅍ, ㅊ, ㅎ은 거센 소리라 하여 차청次淸이라하며, ㄴ, ㅁ, ㅅ, ㅇ, ㄹ은 흐린소리라 하여 불청불탁不淸不濁

이라 한다.

모든 모음에서는 천지인天地人을 뜻하는 'ㆍ', 'ㅡ', 'ㅣ' 석자를 바탕으로 배합하여 밝음과 어두움을 나뉘었는데 ㅜㅣ• 와 같이 둥근 것이 위와 같이 밖에 있는 것은 맑은 홀소리陽性母音에 해당하고 ㅗ'•ㅣ'와 같이 둥근 것이 아래와 안쪽에 있는 것은 어두움 홀소리陰性母音에 해당된다.

모든 소리는 공기 속에서 파생하는데 파생되는 소리는 음파音波 또는 파동波動이라 하고 성명학에는 음령오행音靈五行이라하여 木, 火, 土, 金, 水로 나눈다. 사람의 이름에도 다섯 가지로 나누어 소리의 파장에 의하여 운명에도 영향을 주고 있는 것이다.

훈민정음은 제자해制字解에서 우주 만물의 이치인 음양과 오행 그리고 천지인天地人 삼재三才가 역학易學 사상이 함축되어 있다. 즉 천지만물의 이치는 오르지 음양陰陽과 오행五行일 뿐이다.

지괘地卦와 복괘復卦의 사이에서 태극太極이 생겨나고 태극이 움직이고 멈춘 후에 음양陰陽이 생겨났으니, 세상에 살고 있는 생명체가 어찌 음양을 버릴 수 있겠는가? 그러므로 사람의 소리도 모두 음양陰陽의 이치를 갖고 있는 것이다. 생각하건데 미쳐 사람이 살피지 못할 따름이라고 하였다.

정인지서鄭麟趾序의 첫머리에서도 "천지자연의 소리가 있으면 반드시 천지자연의 글이 있다고 하였다. 그래서 옛사람이 그 소리를 바탕으로 글자를 만들어 만물을 통하게 하고 삼재의 도리를 글자에 실었으니 후세에도 바뀌지 못하는 것이다." 라고 하였다.

4. 모음 제자 원리와 오행분류

모음(홀소리)의 제자 원리는 천지인天地人을 뜻하는 'ㆍ', 'ㅡ', 'ㅣ'를 바탕으로 배합하여 체계화한 것이다.

'ㆍ'은 하늘을 본떠 둥글게 하고 'ㅡ'은 땅을 본떠 평평하게 하고 'ㅣ'은 사람을 본떠 서 있는 모양으로 삼재三才의 이치를 갖추었다. 그러므로 'ㆍ'은 하늘의 성정을 닮아 천天으로 하여 양陽이고, 'ㅡ'은 땅의 덕성을 닮아 지地로 하여 음陰이며, 은 하늘과 땅이 화합한 사람으로서 인人이며 음양陰陽을 겸비하고 있다.

5. 자음의 순음脣音과 후음喉音의 오행분류

자음의 오행 분류에서 순음脣音과 후음喉音이 『훈민정음 해례본』과 다르게 역학분야易學分野 에서 적용되고 있다.

훈민정음에서는 초성 17자를 아음牙音, 설음舌音, 순음脣音, 치음齒音, 후음喉音 및 반설음半舌音, 반치음半齒音으로 분류한다.

이것은 중국 음운학音韻學의 영향으로 중국의 『광운廣韻』 『고금운회거요古今韻會擧要』 『절운지장도切韻指掌圖』 등에서는 훈민정음訓民正音의 오행배속과 일치한다. 특히 『절운지장도』에서는 "자모가 상생하는 뜻을 취한다."는 아설순치후牙舌脣齒喉 모음을 木火土金水 오행의 상생 순서로 배속하였다.

그런데 신경준申景濬 : 1712~1781의 『훈민정음운해訓民正音韻解 : 1750』에는 『훈민정음해례(訓民正音解例)』와는 서로 다르게 배속되어 있다.

『훈민정음해례』에는 순음이 궁성宮聲의 土, 후음이 우성羽聲의 水로. 『훈민정음운해』에는 순음이 우성羽聲의 水, 후음이 궁성宮聲인 土로 서로 반하게 배속 되어 있다.

『훈민정음 제자해』에는 "목구멍은 깊고 윤택하니 水이다. 그 소리가 공허하고 통하여 마치 물이 허명虛明해서 유통하는 것과 같다. 계절로는 겨울이고 소리는 우羽이다. 입술은 모나고 합해지니 土이다. 그 소리가 머금고 넓으므로 마치 땅이 만물을 함축하고 광대한 것과 같다. 계절로는 늦여름이고 소리로는 궁宮이다."

『훈민정음운해』에는 궁宮은 중中이므로 중앙에 위치하여 사방으로 통하고 만물을 생육을 창시하시고 사성四聲의 벼리가 된다. 그 소리는 주로 합하는 것이라 그 모양은 'ㅇ'이 되는데 이것은 土의 원만하고 사방에 두루 미치며 모자람이 없음을 나타내는 상이다.

우羽는 취聚이니 만물이 모여 감춰지고 하늘을 덮는 것이다. 그 소리는 주로 토吐하는 것이다. 그 모양을 'ㅁ'이 되는데 이것은 물이 모여 구멍에 가득 찼음을 나타내는 상이다.

송나라 "정초鄭樵"의 『칠음략七音略』은 후음은 궁성, 순음은 우성에 배속시킨데 반해 "사성등자四聲等子"의 『칠음강목七音綱目』에는 후음은 우성, 순음을 궁성에 배속시켰다.

1488년(세종30) 신숙주申叔舟 등이 세종의 명으로 편찬한 우리나라 최초의 운서인 『동국정운東國正韻』에는 우성의 순음은 水,

궁성의 후음을 土로, “우羽와 궁宮”을 『훈민정음』과 다르게 배정하고 있다.

1455년(단종3)에 『홍무정운역훈洪武正韻譯訓』을 편찬하였는데 우성의 순음을 水, 궁성의 후음을 土로, 우와 궁을 훈민정음과 다르게 배정하였다.

1493년 “성현成俔”이 『악학궤범樂學軌範』의 「오성도설五聲圖設」에서 송나라 “진양陳暘”의 『악서樂書』의 말을 인용하면서, 궁성은 중앙 土, 우성은 북방 水로 분류하고 있다.

1517년(중종12)에 최세진崔世珍이 『사성통해四聲通解』에서도 훈민정음과 다르게 배정하였다. 『악학궤범』에는 “물物이 생겨 정情을 갖고, 정이 발해서 성聲이 된다.”

그러므로,

천天 5와 지地 10이 합하여 중앙에 土를 낳으니 그 성聲은 궁宮이다.

지地 4와 천天 9가 합하여 서방에 金를 낳으니 그 성聲은 상商이다.

천天 3과 지地 8이 합하여 동방에 木을 낳으니 그 성聲은 각角이다.

지地 2와 천天 7이 합하여 서방에 火를 낳으니 그 성聲은 치徵이다.

천天 1과 지地 6이 합하여 북방에 水을 낳으니 그 성聲은 우羽이다.

후한시대 “반고班固”의 『백호통의白虎通義』에 따르면 궁상각치우宮商角徵羽에서 궁성은 土, 상성은 金, 각성은 木, 치성은 火, 우성은 水에 해당된다.

궁宮은 안에 담다. 머금다. 용容 또는 함含의 뜻으로 사시四時를 품어서 담아있는 것을 말한다.

상商은 펼치다. 장張의 뜻으로 이때 음기가 나와서 펼쳐지고 양기가 내려가기 시작한다.

각角은 뛰어오르다. 약躍의 뜻으로 이때 양기가 움직여 뛰어오른다.

치徵는 그치다. 지止의 뜻으로 이때 양기가 정점에 이르러 그치게 된다.

우羽는 구부리다. 우羽의 뜻으로 이때 음기가 위에 있고 양기가 아래에 있다.

4장 명리육친성명 이론

1. 명리육친성명은 중심명운이 운명의 핵심이다.

성명학에서는 동서양을 막론하고 성姓과 이름의 끝 글자의 가운데 있는 중간 글자를 제일 중요시 한다. 그 이유는 중간 글자가 자신自信을 뜻하고 중심으로 보기 때문이고, 가장 많이 불러지면서 가장 강한 발음으로 작용하므로 에너지도 가장 강하게 작용하기 때문이다.

성姓은 조상祖上 또는 부모를 상징하므로 대대代代로 이어 내려오는 가문家門의 전통적인 혈통문자血統文字이기 때문에 불변이다. 성姓은 하늘天을 표시하고 아버지를 의미하며 이름의 끝 글자는 땅地를 표시하고 어머니를 의미하기도 한다. 그러므로 하늘과 땅 사이에는 만물의 영장인 인간人이 있으며 아버지와 어머니의 사이에 태어난 자신을 나타내기도 한다.

나 자신이 존재하기 때문에 부모父母가 있음을 알게 되는 것이므로 성명학에서도 나를 나타내는 가운데 글자를 제일 중요한 자리로 정하여 "중심명운中心名運" 또는 "명리육친 중심명운命理六親 中心名運"이라고 한다.

사람은 이 세상에 태어나서부터 이미 정하여진 숙명宿命을 부여 받았으며 출생한 후부터는 부모로부터 이름을 지어 받아 부르게 되는데 이름에 의한 소리의 활동 에너지도 동시에 작용하게 된다.

이름의 소리는 사람들의 소리 에너지가 입술을 통하여 나아가서 우주공간 속에서 작용하는 기운과 만나 사람의 운명에 영향을 미친다는 것이다. 왜냐하면 우주공간에는 하늘의 기운과 땅의 기운이 교류하고 있기 때문이다. 이름의 소리는 중심명운이 자신을 나타내기 때문에 성격性格이 형성되고 직업職業이나 배우자 등 육친六親의 관계가 형성되므로 운명에 영향을 주는 중추적 역할을 한다.

중심명운은 성姓이나 끝 글자가 해害를 주거나 손상損傷을 입히는 것을 가장 싫어한다. 만약 중심명운이 극제剋制를 당하면 불의不意의 재화災禍를 당하거나 불행한 삶을 사는 경우가 발생하니 서로 상생相生하도록 풀어 주어야 한다. 그러나 극제剋制하는 강도强度를 완화시켜 줄 뿐이지 안전하게 대길大吉한 운으로 변화시키지는 못한다.

그렇다고 모든 이름을 상생相生으로만 지어 부르는 것이 대길大吉하고 상극相剋으로만 지어 부르면 불길不吉하다는 것은 아니다. 상생相生에도 불길不吉이 있고 상극相剋에도 대길大吉이 있다.

2. 생년으로 역사적인 인물의 성품을 예측할 수 있다.

역사적인 인물의 이름에서 나오는 성품을 예측함으로써 그 시대의 정치적 사회현상을 이해하는데 도움이 된다는 것이다. 가령 『홍길동전』의 작가 허균(1569~1618)의 생년을 찾아 현재의 나이로 환산하면 태어난 해의 년주年柱를 알 수 있다. 계산하는 방법은 당해 연도 가령 2017년을 기준 한다면 출생년도의 숫자(1569)를 뺀 다음 1를 더하고 (한국나이는 태어난 해가 포함) 60으로 나눈다.

1569년에 태어났으니까 2017에서 1569를 빼고 1을 더하면 449가 나온다. 449를 60으로 나누고 남는 것은 29가 된다. 29란 숫자는 금년도(2017)를 기준하여 29세가 된 사람의 생년이다.

허균은 자신의 문집 『성소부부고惺所覆部槁』에서 자신은 기사년 己巳年(1569:선조) 병자월丙子月 임신일壬申日 계묘시癸卯時에 태어났다고 하였기 때문에 성명학적 뿐만 아니라 출생한 때부터 운명의 길흉을 분석할 수 있는 좋은 사례이다.

가령 성명학적으로 보면 "허" 자에서 육친명리학적으로 볼 때 겁재劫財(2)나 정관正官(8)에 해당한다. 겁재(2)의 특성은 자기의 세력을 나타내므로 모든 생각이나 생활이 자신을 중심으로 움직인다. 없어도 없는 체 하지 않고 통이 크며 적은 것을 무시하고 독단적인 성격을 가지고 있다.

또한 자존심이 강하고 과감하며 정직하고 독립심이 뛰어날 뿐만 아니라 타인과의 불화쟁론에 빠지고 사화환경과 타협하기를 싫어한다. 특히 혁신적이고 투쟁성이 강하여 남과 다투기를 잘 하는 특성을 타고났다.

정관(8)의 특성은 명예를 중히 여기고 성급하며 신속하게 일을 철리하고 진퇴進退가 분명하다. 특히 용맹하여 공격적이고 지배욕이 강하며 대의명분을 위해서는 어떠한 것도 희생할 수 있다는 신념으로 불굴의 투지와 용감무쌍한 정신으로 자기의 역량을 최대한 발휘한다. 그러므로 겁재나 정관은 대동소이大同小異한 성격을 소유하고 있다.

"균"자에서는 정재正財(6)와 상관傷官(4)에 해당된다. 정재(6)는 정관(8)과 같이 명예를 중히 여기고 자산과 신용을 의미하기 때문에 신중하고 현실주의적이고 보수 성향이 있어 누구에게나 믿음이 있고 서로를 감싸 안아 깊이 사귈수록 진가가 나타난다.

상관(4)은 식신(3)과 유사하나 다재다능하고 완벽주의자이며 열정적이어서 위기상황을 탈출하여 반전의 기회를 갖는 능력이 있다. 특히 창의성이 뛰어나고 자신의 인생길은 일반인이 가는 길과 전혀 다fms 생소하고 미지의 세계로 가는 경우가 많다. 천재와 둔재가 함께 존재하고 총명하지만 타인에 대한 배려가 부족하고 성질을 건드리면 불의의 사고를 낸다.

"허"와 "균"자의 성명학적으로 특성을 살펴보았지만 중요한 것은 "허"자를「운해오행」으로 분류하면 土가 되고 "균"자는 木火가 되므로 오행상생의 법칙에서 목극토木剋土로 상극相剋이 되었으나 해례오행으로는 오히려 "허"자가 水土가 되므로 수생목水生木이 되어 상생相生이 되었다. 허균의 이름은 상생의 해례오행보다 상극의 운해오행의 논리에 가깝다고 볼 수 있다.

결과적으로 볼 때 허균은 이름에서 나오는 소리의 특성으로 살았을 것으로 분석할 수 있다. 명문재사의 혈통을 이어왔고 12세에 아버지를 여의고 50세에 역적의 혐오를 받고 참형을 당한 것은 성명학적으로만 분석할 수가 없다.

이것은 선천적인 명리육친을 분석하여 왕쇠강약旺衰强弱과 생극제화生剋制化에 의한 세력勢力과 조화調和의 분석으로 중화中和에 이르게 하는 용신用神을 찾아서 대운大運에 따라 길흉화복吉凶禍福에 대한 사전대비를 했다면 좀더 낳은 삶의 지혜를 발휘할 수 있었을 것이다.

3. 이름에도 유년流年에서 삼형살三刑殺이 적용된다.

형살刑殺은 명리학에서 삼형살三刑殺, 상형相刑, 자형自刑으로 분리할 수 있다. 사주원국四柱原局에서 인사신寅巳申. 축술미丑戌未, 자묘子卯, 자자子子, 오오午午, 유유酉酉, 해해亥亥 진진辰辰 등이 있거나 유년流年에서 들어오면 형액刑厄, 관재송사官災訟事, 교통사고交通事故, 수술手術, 조난遭難, 납치拉致, 구금拘禁 등 불길不吉한 일이 발생한다.

그러나 형액刑厄을 관장하는 생살권과 관련이 있는 직업을 가진 사람은 제외가 될 수 있다. 이와 같이 이름에서도 유년流年이 들어올 때 명리에서와 같이 형액 등 관재송사가 일어난다. 만약 금년이 정유丁酉년이라면 식상食傷이나 인수印綬에 해당하는 중심명운인데 가령 자신의 이름 중심명운에 ㄱ, ㅋ이거나 ㅇ, ㅎ이 있으면 성립되는 경우이다. 그러므로 형살刑殺 이나 삼재三災가 들어오는 해에는 정신적으로 불안하게 되고 주위환경으로부터 시비구설이 생기고 불명예스러운 일이 생기며 남들로부터 손재나 사고가 많이 일어나게 된다. 심지어는 불구가 되거나 사망하는 경우가 있다.

성명학의 삼형살 도표

유년流年 천간	甲乙 木	丙丁 火	戊己 土	庚辛 金	壬癸 水
이름 중심 첫자 상관	ㅁ,ㅂ,ㅍ 水	ㄱ,ㅋ 木	ㄴ,ㄷ,ㄹ,ㅌ 土	ㅇ,ㅎ 土	ㅅ,ㅈ,ㅊ 金
이름 중심 첫자 편인	ㄴ,ㄷ,ㄹ,ㅌ 火	ㅇ,ㅎ 土	ㅅ,ㅈ,ㅊ 金	ㅁ,ㅂ,ㅍ 水	ㄱ,ㅋ 木

가령 세운에서 상관傷官(4)을 만나면 예술적인 소질이 나타나기 시작하고 사소한 일이나 정신적인 일에 관심을 갖게 되며 타인으로부터 오해와 비방을 받을 뿐만 아니라 경쟁이나, 소송 등에 휘말리게 된다. 또한 관재송사나 질병으로 인한 수술 등 수명에 지장을 초래하거나 시비구설이 생긴다.

세운에서 편인偏印(9)을 만나면 삶을 헤쳐 나가는데 눈치가 빠르고 재치가 있지만 과도한 욕망이나 꿈을 실현하고자 하는 강렬한 의욕이 넘쳐 파재破財나 부부이별 및 관재송사 등 실패로 의욕을 상실하게 되는 경우가 있다. 특히 세운과 이름의 중심명운과 동일하거나 상극相剋이 되면 불의의 사고, 파직, 파산, 질병, 수술 등 불길한 일이 발생한다.

4. 이름 짓는 유형에 따라 장·단점을 상호 보완해야 한다.

궁극적인 운명을 예측하는 데는 선천적인 사주와 후천적인 환경 요소를 보완하여야 하는데 환경적 요소에는 타고난 직업, 배우자와의 궁합, 부르는 이름이 주요한 요소라고 한다.

우리나라의 작명 방법의 대부분이 한자와 한글을 통합하여 이름을 짓는다. 한자는 획수에 의하여 음양오행이 정해지고 한글은 자음과 모음에 의하여 오행이 정해진다.

오늘날 일반적으로 가장 많이 사용되고 있는 이름 짓는 방법에는 수리성명학, 삼원오행성명학, 소리(파동)성명학, 명리육친성명학, 파동에너지성명학 등이 있다.

첫째, 수리성명학은 이름의 한자 획수를 계산하여 원형이정元亨利貞으로 분류하여 81개의 수에 담긴 의미와 뜻으로 길흉吉凶을 판단하는 방법으로 가장 많이 활용되고 있다.

이 작명법은 일본의 "구마사키 겐오"가 만들어 낸 일본인의 이름을 판단하려고 만든 것이다. 수리성명학은 논리 체계가 일관성이 떨어진다는 것이다.

가령 대부분이 홀수가 길하고 짝수는 흉하다는 기본적인 기준에 배속되어 있다. 그러나 홀수이면서 흉한 수(9,19,27,51,55,59)가 있고 짝수이면서 길한 수(16,24,32,48,52,68)가 있다. 수리성명학은 원칙과 필획에 따라 숫자의 계산 방법이 다르다.

그러나 원획으로 획수를 계산하는 것이 타당하다고 보는 것은 한자는 원래 상형문자象形文字이므로 본래의 글자 뜻을 따라야 한다. 일본인의 네 글자로 구성된 이름에 적용하다보니까 우리나라 이름은 세 글자가 대부분이므로 성姓 앞에 가假 성수成數 하나를 넣는 것은 신뢰성이 약하다.

둘째, 삼원오행성명학은 수리성명학에서와 같이 이름의 한자 획수를 계산하여 천지인天地人으로 구분한다. 천天은 성과 이름 끝자를 합한 수, 인人은 성과 이름 첫 자를 합한 수, 지地는 성을 제외한 이름자를 합한 수로 본다.

다음에 오행을 분류하게 되는데 한자리 수나 더한 수에 따라 오행을 정한다. 가령 1.2(木), 3.4(火), 5.6(土), 7.8(金), 9.0(水)가 되는 것이다. 가령 천격天格이 1이나 2가 되면 木이 되고 인격人格이 3이나 4가 되면 火가 되면 목생화木生火로 상생相生이 되니까 길하게 되는 것이다. 인격人格이 5나 6이 되면 土가 되니까 木剋土하게 되어 흉하다는 논리이다. 사용하는 범위가 줄어들고 있는 현상이다.

셋째, 소리(파동)성명학은 1988년 이후 "이우람"의 『후천운後天運』이 발간되면서 성명학에 획기적인 전환을 가져오게 되었다.

1986년부터 한국인 성명학 연구원(정보국, 이춘파, 이부광, 박대원, 조기범, 성봉규, 김태양, 정백균)들이 불철주야 피눈물 나는 노력으로 오늘날 파동(소리)성명학을 과학적이고 통계적인 학문으로 발전시키는데 원동력이 되었다. 필자도 역시 1988년부터 학회에 동참하여 부회장을 역임하였고 1997년부터 한양대학교 사회교육원에서 『파동성명학』을 강의 하였다.

그동안 30년을 연구검토하고 상담하였으나 수많은 상담자로부터 인정을 받아왔으나 일부에서는 보완적인 이론도 제기되었다. 음양

오행의 작용을 왜 자음만 사용하느냐, 또는 유년운流年運의 판단은 유년을 기준 하느냐 아니면 이름을 기준 하느냐가 논란의 대상이 되어 왔다.

넷째, 명리육친성명학은 소리(파동)성명학과 같은 맥락이다. 소리(파동)성명학은 한글 자음의 소리오행과 타고난 생년 간지干支를 가지고 숫자로 1에서 10가지를 중심수中心數를 가지고 상생상극相生相剋에 따라 육친六親 관계의 길흉吉凶을 판단하는 성명학이다.

명리육친성명학은 먼저 타고난 사주를 분석하고 용신用神을 판단한 다음 직업적성을 중심명운中心名運에 대입하여 성姓과 이름의 끝 글자를 상생상극相生相剋과 생극제화生剋制化의 법칙에 따라 작명하는 성명학이다.

일반적으로 상생相生이 되면 길한 비율이 70%, 상극相剋이 되어도 길吉한 비율이 30%가 되는 결과가 나온다. 상생相生이 모두 길吉하고 상극相剋이 모두 흉凶하다는 것이 아니라, 상생相生중 흉凶이 있고, 상극相剋중 길吉이 있다는 것이다.

이름은 그 사람의 "브랜드"이다. 언제 상품의 가치가 높아지느냐 하락이 되느냐는 사주명리에서 분석한 용신用神에 의하여 길흉화복吉凶禍福의 변화를 가져 온다는 것이다. 그러므로 한 가지 원칙만을 고집하기보다는 다양한 논리를 터득한 후에 합리적이고 종합적인 판단 능력을 갖추도록 노력해야 한다.

다섯째, 이름에너지성명학은 이름이 인성과 삶에 미치는 영향이 있는가에 대한 과학적 측정 접근 이론이다. 이름을 인체의 뇌파, 맥파, 음성 등의 에너지로 구성되어 오장육부와 생체에너지에 영향을 미친다. 이름은 소리파동을 일으켜 에너지로 전달되는데 이 에너지를 "이름에너지"라고 한다.

파동은 에너지의 최소 단위로 인체의 조직이나 기관은 각각 고유의 파동을 가지고 있다. 이름 에너지는 긍정적, 부정적 이름에너지로 나누어진다. 부정적 에너지는 스트레스 증가, 업무능률 저하, 질병을 유발 시킬 수 있는데 측정기기 "SSC58 작명 모델" 로 측정할 수 있다.

5~10개의 작명된 이름을 측정하여 가장 좋은 생체 에너지의 균형상태, 개명 전후의 오라상태, 심장박동의 차이 뇌파의 변화 등을 관찰하여 이름을 선택하는 작명법으로 지속적인 연구와 검토로 획기적인 성명학의 발전을 기대하고 있다.

5장 음양 오행의 원리

1. 음양의 특성

음양陰陽의 기원은 자평子平에서 "천지天地의 문호門戶가 닫고 열림이 아직 나누어지지 않았음을 혼돈混沌이라 하고 하늘과 땅이 분리되지 않는 것을 배운胚腪이라 이름 하니 일월성신日月星辰이 아직 태어나지 않았고 음양한서陰陽寒暑가 아직 분류되지 않았던 때였다."라고 하였다.

그 이후 혼돈이 갈라지고 배운이 나누어지면서 무량無量의 긴 세월에 의하여 가볍고 더운 기운은 위로 올라가서 하늘天이 되었고 무겁고 차가운 기운은 밑으로 내려와서 땅地이 되었다.

이와 같이 천지창조가 될 때에 생긴 이기理氣를 음양이라고 하며 음양이 생기면서 음양의 변화운동이 일어나게 되어 이때 다섯 가지의 기운氣運이 생겨나는데 이것이 곧 水 火 木 金 土의 기운이다. 이 다섯 가지의 기운을 오행五行이란 부호符號로 사용하게 되었다.

우주 대자연의 섭리는 무無에서 유有가 창조되었고 유는 다시 무로 귀일하게 되는 것이며 음陰과 양陽은 별개로 존재하는 것이 아니라 항상 공존하며 혼자서는 존재할 수 없으며 상대성 원리에 의한 작용을 하고 있는 것이다.

음과 양을 개별적으로 논하면 양은 태양이요, 낮이며 조燥한 것이며 더운 것이요, 여름이요, 밝은 것이요, 동動한 것이요, 적극적인 것이며 음은 달이요 밤이며, 습濕한 것이며, 추운 것이요, 겨울이요, 어두운 것이요, 정靜한 것이요, 소극적인 것이다.

음과 양이 공존하는 이치는 양이 있기에 음이 있고 음이 있기에 양이 존재한다. 다시 말하면 태양이 있기에 달이 있고 하늘이 있기에 땅이 존재하는 것이며 양인 아버지가 있기에 음인 어머니가 있는 것이며 양인 낮이 있기에 음인 밤이 있는 것이며 양인 정신이 있기에 음인 육체가 있는 것이다. 이와 같이 음과 양은 어느 하나만이 존재할 수 없는 것이다.

음과 양의 구분을 도표로 예시하면 다음과 같다.

양陽	음陰	양陽	음陰
하늘天	땅地	외外	내內
해日	달月	정신情神	육체肉體
남자男	여자女	양전자陽電子	음전자陰電子
부父	모母	직선直線	곡선曲線
부夫	부婦	선善	악惡
동쪽東	서쪽西	불火	물水
남쪽(南	북쪽北	문文	무武
앞前	뒤後	나타나다顯	숨다隱
밝다明	어둡다暗	크다大	작다小

따뜻하다暖	춥다寒	많다多	적다少
건조하다燥	습하다濕	나간다進	물러간다退
강하다强	약하다弱	움직인다動	고요하다靜
단단하다剛	부드럽다柔	삶生	죽음死
봄春	가을秋	시작始	끝終
여름夏	겨울冬	허虛	실實
두텁다厚	얇다薄	내쉬다呼	들이쉬다吸
가볍다輕	무겁다重	주다與	받다受
길다長	짧다短	동양東洋	서양西洋
아침朝	저녁夕	백白	흑黑
오전午前	오후午後	귀하다貴	천하다賤
좋다吉	나쁘다凶	젊다少	늙다老
위上	아래下	산山	바다海

2. 오행의 작용과 법칙.

오행五行이란 木 火 土 金 水 다섯 가지를 말한다. 명리학은 열 개의 천간天干과 열두 개의 지지地支를 음과 양 및 오행으로 분류하여 그 상호관계에 의하여 사람의 운명運命을 예지豫知 하는데 기본이 되는 요소이다.

일찍이 우리의 동양의 전통적 사상은 우주만상이 오행에 의하여 이루어졌다고 믿어왔으며 『연해자평淵海子平』은 오행의 발생에 대하여 "태역太易이 생하여 水가 되었고 태초太初가 생하여 火가 되고, 태시太始가 생하여 木이 되고 태소太素가 생하여 金이 되고, 태극太極이 생하여 土"가 되었다고 하였다.

그러나 오늘날 오행은 역경易經에서 유래한 것이라고 믿어지고 있다. 즉 火는 태양太陽에서. 木은 소양小陽에서 水는 태음太陰에서 金은 소음小陰에서 유래하고 土는 모든 것을 포함한 것이라고 하였다. 또한 역경에 의한 오행설五行說은 다음과 같다.

木의 방위는 동東이고, 계절은 봄에 해당하고 하루로 치면 아침에 해당한다. 기氣는 생기生氣이고 색은 청색이며, 성정性情은 인仁이다.

火의 방위는 남南이고 계절은 여름에 해당하고, 하루로 치면 낮에 해당한다. 기는 왕기旺氣이고, 색色은 적색이며 성정은 예禮이다.

金의 방위는 서西이고, 계절은 가을에 해당하고, 하루로 치면 저녁에 해당한다. 기는 숙살지기肅殺之氣이고 색은 백색이며 성정은 의義이다.

水의 방위는 북北이고, 계절은 겨울에 해당하고 하루로 치면 밤에 해당한다. 기는 사기死氣이고 색은 흑색이며 성정은 지智이다.

土의 방위는 동서남북東西南北의 사방위四方位이며 중앙中央에 해당하며 계절은 사계절四季節에 해당한다. 하루로 치면 해가 중천에 와 있는 것을 말한다. 기는 둔하고 색은 황색이며 성정은 신信이다.

세월이 지나면서 밝고, 맑고, 가벼운 기는 위로 올라가서 하늘天이 되었고 어둡고 탁하고 무거운 기는 땅地이 되었다. 그러므로 하늘과 땅 및 모든 우주의 만물은 끊임없이 발전하고 변화하면서 다섯 가지 형상形象의 기로 충만한 우주의 질서가 생기는데 이것이 木 火 土 金 水 곧 오행五行 이라고 하는 것이다.

이 오행은 작용을 서로 도와주는 상생법칙相生法則, 서로 견제하고 대립하면서 다스리는 상극법칙相剋法則, 항상 대립 관계에 있으면서 견제를 당하고 있다가 변화하는 환경요소에 의하여 역逆으로 다스리게 하는 역극법칙逆剋法則과 자기희생의 계기로 타에게 간접상생間接相生하여 주는 역생법칙逆生法則이 있다.

상생법칙과 같은 작용의 경우 생하는 쪽에서 과잉 공급할 때에는 오히려 받는 쪽에서 감당하지 못하고 피해를 보는 경우가 있다. 즉 木이 火를 생하나 木이 너무 많으면 오히려 火가 꺼져버리고, 火가 土를 생하나 火가 너무 많으면 土가 타버린다.

土가 金을 생하나 土가 너무 많으면 金이 묻혀 버리고, 金이 너무 많으면 水가 맑지 못하고, 水가 너무 많으면 木의 뿌리가 썩어 물위에 뜨는 이치와 같은 것이다.

(1) 상생법칙相生法則

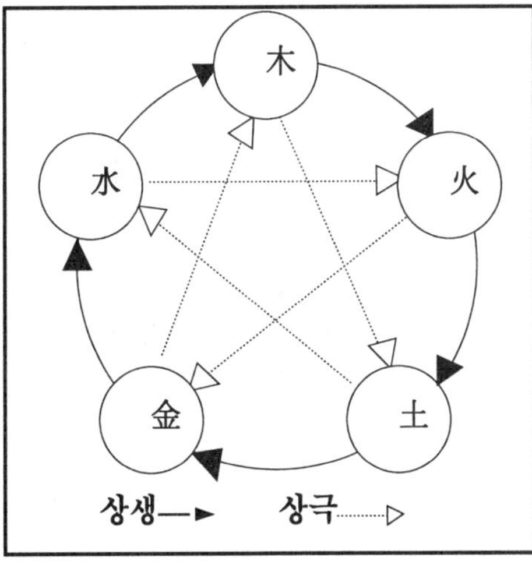

- 목 생 화 木生火
- 화 생 토 火生土
- 토 생 금 土生金
- 금 생 수 金生水
- 수 생 목 水生木

상생相生이란 서로 공생하면서 서로서로 도와주는 법칙을 상생법칙相生法則이라고 한다.

목생화木生火 즉 木은 자신을 태워 火를 일으키고, 화생토火生土 즉 火는 모든 것을 태워 土로 돌아가게 하고 다시 태양의 빛을 받아 土를 도와, 토생금土生金 즉 土는 응집되어 땅속의 金을 보호해주며, 금생수金生水 즉 金은 땅속에 묻혀 있으면서 스스로 水를 만들어 광물질 성분의 물을 바위틈으로 흐르게 한다. 수생목水生木 즉 水는 땅위에 자라고 있는 木에 영양을 주어 생육하게 된다. 이것이 상생법칙이다.

이 오행의 상생법칙에서 도와주는 데 부족함도 과다함도 해害롭이 된다는 것이다. 과다한 것은 더욱 더 그렇다. 예컨대 불이 타고 있는데 나무의 도움이 적으면 불꽃이 활활 타오르지 못하고 불로서 역할을 못하게 된다.

반대로 타오르는 불꽃에 몇 배에 달하는 나무를 한꺼번에 넣어 버리면 그 불꽃은 꺼지게 되는 것이다. 나무가 성장함에도 물이 부족하면 나무의 성장이 잘 이루어지지 않지만 물이 너무 많으면 뿌리가 썩어 버리는 것과 같은 것이다.

(2) 상극 법칙相剋法則

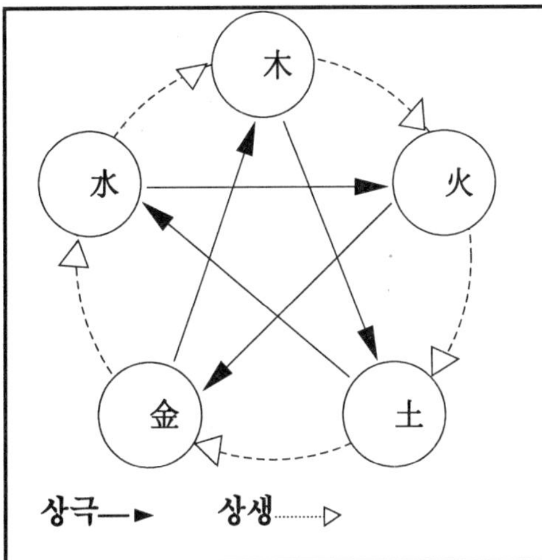

• 목 극 토 木 剋 土
• 토 극 수 土 剋 水
• 수 극 화 水 剋 火
• 화 극 금 火 剋 金
• 금 극 목 金 剋 木

상극相剋이라 함은 서로 대립하고 모순되는 것으로 우주의 만물이 무한히 성장하고 번식하는 것을 가로막아 견제하는 것과 같다. 상극은 서로를 극剋하니 불길不吉하게만 볼 수도 있겠으나 적당한 극剋은 오히려 결과적으로 성장을 돕는다.

아름드리나무를 베는 데는 조그마한 실톱이나 과도로써 자른다면 나무를 자르기도 전에 톱이나 과도가 먼저 망가지게 되는 것이다. 그렇다고 어린 나무를 자르는 데 고성능의 전기톱을 이용한다면 더욱 비능률적일 것은 틀림없다.

과수원의 사과나무 등 적당한 가지치기를 한다면 곧고 크게 성장할 뿐 아니라 충실한 열매를 맺을 수 있는 것이다. 나무는 흙을 뚫고 나와 자라며木剋土 한다.

흙은 물의 흐름을 막고土剋水, 물은 불을 끄고水剋火, 불은 쇠를 녹이며火剋金, 쇠는 다시 목을 잘라金剋木함으로서 조화로운 성장을 하게 하는 것이다.

(3) 역극법칙逆剋法則

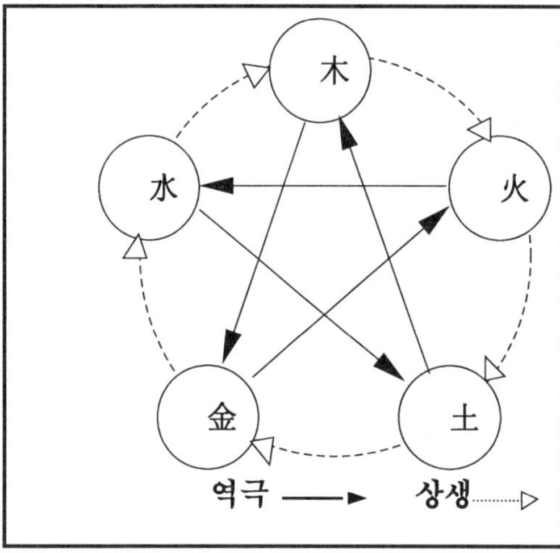

- 목 극 금 木 剋 金
- 금 극 화 金 剋 火
- 화 극 수 火 剋 水
- 수 극 토 水 剋 土
- 토 극 목 土 剋 木

역극逆剋이라는 것은 상극작용과 유사하나 천적天敵과 같은 것이 있어 항상 대립 관계에 있으면서도 언제나 패배만 당하여 왔지만 주위 환경 요소에 의하여 상황이 급변하여 수극화水剋火가 아니라 화극수火剋水로 되어 물이 불을 끄는 것이 아니라 오히려 불이 물을 말려 버리는 이치와 같은 것이다. 다른 말로 표현하여 상모작용相侮作用이라고도 한다.

목극토木剋土가 아니라 토모목土侮木이 되어 나무가 약弱하고 오히려 흙의 세력이 강强하여 흙이 나무를 이기는 것이며 화극금火剋金이 아니고 금모화金侮火가 되어 금극화金剋火로 불이 약弱한데 오히려 金의 세력이 강强하여 불이 쇠를 녹이지 못하는 것이다.

토극수土剋水가 아니고 수모토水侮土가 되어 흙이 약한데 물의 세력이 강하여 흙이 물에 씻겨 내려가 버리는 것이며 금극목金剋木이 아니고 목모금木侮金이 되어 쇠가 약한데 오히려 나무의 세력이 강하여 쇠가 나무를 자르지 못하고 쇠의 끝이 무디어 지거나 부러지는 것이다.

(4) 역생법칙逆生法則

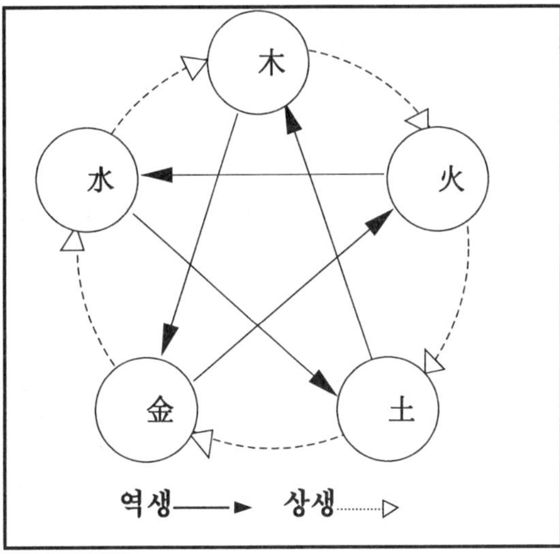

- 수 생 토 水 生 土
- 화 생 수 火 生 水
- 금 생 화 金 生 火
- 목 생 금 木 生 金
- 토 생 목 土 生 木

역생逆生이란 土가 水를 극剋하지만 土가 너무 조燥하면 오히려 水를 좋아한다. 즉 조토燥土에 水가 들어가면 윤토潤土가 되니 토극수土剋水가 아니라 수생토水生土가 되는 이치이다.

水가 火를 극하지만 겨울에 水가 냉하면 만물이 얼어 죽게 되니 水가 火를 좋아한다. 조후調候가 되어야 水가 생기를 얻어 만물을 키울 수 있다. 이때에는 수극화水剋火가 아니라 화생수火生水와 같은 이치이다.

火가 金을 극하지만 쇠붙이는 불이 없으면 그릇이 될 수가 없다. 그래서 金은 火을 좋아한다. 이때에는 화극금火剋金이 아니라 금생화金生火가 되는 이치와 같다.

金이 木을 극하지만 나무는 金이 없으면 동량지재棟樑之材가 되지 못한다. 그래서 나무는 金을 반긴다. 이때에 금극목金剋木이 아니라 금생목金生木이 되는 이치이다.

木이 土를 극하지만 土는 나무가 있어야 수분도 잘 조절하고 나무 잎에 의한 거름으로 옥토沃土가 되는 것이다. 이때에는 목극토木剋土가 아니라 토생목土生木이 되는 이치이다.

(5) 오행과 사계절

오행은 계절에 따라 왕성旺盛해지기도 하고 쇠약衰弱해지기도 한다.

木은 봄에 해당하는 寅卯辰 월에 가장 왕성하고, 겨울에 해당하는 亥子丑 월에 수생목水生木으로 상생이 되어 다음으로 왕성하다. 여름에 해당하는 巳午未 월에 화기火氣가 성盛하는 계절이므로 목생화木生火로 火에게 기운을 빼앗기므로 쇠약해지고 가을에 해당하는 申酉戌 월에 금기金氣가 성하는 계절이므로 금극목金剋木이 되어 金의 극을 받아 가장 쇠약하다.

火는 여름에 해당하는 巳午未 월에 가장 왕성하고, 봄에 해당하는 寅卯辰 월에 목생화木生火로 상생되니 다음으로 왕성하다. 가을에 해당하는 申酉戌 월에는 화극금火剋金 으로 쇠약해지며 겨울에 해당하는 亥子丑 월에 水의 극을 받아 가장 쇠약하다.

金은 가을에 해당하는 申酉戌 월에 가장 왕성하다. 여름에는 화기火氣가 성하므로 화극금火剋金되어 쇠약하고 겨울에는 금생수金

生水로 기운을 설기泄氣하므로 쇠약하며 봄에는 금극목金剋木으로 金이 木으로부터 극제剋制 되어 쇠약하다.

水는 겨울에 해당하는 亥子丑 월에 가장 왕성하고 가을인 申酉戌 월에 금생수金生水로 상생되어 왕성하다. 봄에는 수생목水生木으로 水가 기氣를 설기泄氣하므로 쇠약하다. 여름에는 수극화水剋火로 쇠약하며

(6) 오행의 왕상휴수사旺相休囚死

왕旺 상相 휴休 수囚 사死

强弱 / 區分	왕旺	상相	휴休	수囚	사死
木(甲乙)	봄寅卯	겨울亥子	여름巳午	사계절 辰戌丑未	가을申酉
火(丙丁)	여름巳午	봄寅卯	사계절 辰戌丑未	가을申酉	겨울亥子
土(戊己)	사계절 辰戌丑未	여름巳午	가을申酉	겨울亥子	봄寅卯
金(庚辛)	가을申酉	사계절 辰戌丑未	겨울亥子	봄寅卯	여름巳午
水(壬癸)	겨울亥子	가을申酉	봄寅卯	여름巳午	사계절 辰戌丑未

왕상휴수사旺相休囚死란 일간日干이 어느 계절에 태어났을 때 강强하며 약弱 한가를 표시한 것이라고 할 수 있다.

먼저 월지月支가 무엇인가를 보아야 하는데 월지月支가, 寅卯辰 월은 봄春으로 목왕절木旺節이고 동방목국東方木局이다.

巳午未 월은 여름으로 화왕절火旺節이고 남방화국南方火局이다.

申酉戌 월은 가을로 금왕절金旺節이고 서방금국西方金局이다.

亥子丑 월은 겨울로 수왕절水旺節이고 북방수국北方水局이다.

辰戌丑未 월은 토왕절土旺節이고 중앙이므로 각 사계절四季節에 분산되어 있다. 따라서 태어난 월지月支와 일간日干의 오행五行과 대조하여 왕상휴수사旺相休囚死를 결정하는 것이다.

왕旺은 일간日干과 오행이 같은 계절에 태어난 것을 말한다.

목일간木日干이 寅卯 월에 출생하였다면 왕이 되고 이를 득령得令하였다고 하며, 일간이 신왕身旺하게 되는 것이다.

상相은 일간日干을 생하여 주는 것으로, 일간이 木이라면 월지月支가 수월水月인 亥子 월이 되어 수생목水生木이 되는 것이니 이때에도 신강하게 된다.

휴休란 일간日干이 태어난 월의 오행을 생하여 주는 것으로 목일간木日干이라면 巳午 월에 출생하여 목생화木生火가 되는 것을 말한다. 이때는 木의 기운이 설기泄氣되니 신약身弱 하게 되는 것이다.

수囚는 일간日干이 생월生月의 지지地支를 극하는 것으로 목일간木日干이라면 목극토木剋土가 되는 것을 말한다. 이때에도 신약하게 된다.

사死는 일간日干이 생월生月의 지지로부터 극을 받는 것으로 목일간木日干이 申酉 월에 출생하여 금극목金剋木이 되는 것을 말한다. 여기에서 왕旺, 상相을 득령得令이라 하여 신강身强하다고 하며, 휴休, 수囚, 사死는 실령失令이라 하여 일간日干이 신약身弱하게 되는 것이다.

3. 천간의 특성

천간天干이란 甲, 乙, 丙, 丁, 戊, 己, 庚, 辛, 壬, 癸를 말하며 하늘天을 뜻하고 강强하며 양陽을 의미하며 지지地支란 子, 丑, 寅, 卯, 辰, 巳, 午, 未, 申, 酉, 戌, 亥를 말하며 땅地를 뜻하고 지支는 나뭇가지枝의 뜻으로 약弱하며 음陰을 의미하는데, 천간과 지지를 줄여 간지干支라고 말하며 천간 10자와 지지 12자로 구성되어 십간十干 십이지十二支라고도 부른다.

천간에서 이루어지는 여러 가지 현상은 하늘에서 변화하는 이치가 담겨져 있고 지지에서 일어나는 각가지 현상은 땅에서 변화하는 삼라만상森羅萬象의 무궁무진無窮無盡한 변화의 이치가 담겨져 있다. 간지干支의 사용은 중국의 은殷 나라에서 발달하였던 것으로 10간과 12지를 조합한 60간지六十干支로 날짜를 세는 데 쓰인 것이 그 기원이다.

10간은 날日을 가리키기 위해서이고 12지는 달月을 가리키기 위하여 만들어진 것이고, 전한前漢시대에서는 12지를 하루의 시간에 맞추어 사용하였다.

천간은 양陽에 속하면서 음陰과 양陽을 가지고 있다. 양간陽干은 甲丙戊庚壬이고 음간陰干은 乙丁己辛癸이다.

(1) 갑목甲木

甲木은 계절로 보면 찬 기운이 감도는 이른 봄春이요, 방향은 동방東方에 속하고 양陽에 해당한다. 오행五行은 木에 속하고 인仁을 주도하며 성장과 발전을 뜻하고, 또한 대림목大林木, 동량지목棟樑之木, 양목陽木, 강목剛木에 비유하기도 한다.

갑일甲日에 태어난 사람은 대체로 어질고 착한 선비정신을 갖추고 있으며 직업으로는 교육자, 지휘관, 지도자, 제조업 등 두령격頭領格이다.

갑일에 태어난 사람의 성정性情은 정직하고 강직하며 성실한 것을 근본으로 삼고 있다. 또한 성질이 진취적이고 이상이 높아 남에게는 의지가 꺾이거나 굴복하지 않는다. 그렇기 때문에 다른 사람들로부터 공격의 대상이 되거나 경쟁 대상이 되기 때문에 항상 겸손謙遜하고 타인의 의견을 존중하고 포용하는 자세가 필요하다

오행적五行的으로는 甲木은 순수한 양목陽木으로 몸체가 단단하고 그 기세가 하늘을 찌르며, 또한 웅장함이 극極에 달하지만 초봄에 나면 木이 어리고 기氣가 추우니 火를 얻어야만 영화를 보며 2월 卯月에 태어나면 세력이 왕성旺盛하다. 그래서 왕성한 기를 설기泄氣하거나 金으로 극제剋制해 주어야 한다.

木이 가을에 태어나면 때를 잃어 쇠약하다. 木이 겨울에 태어나면 木이 범람하는 물에 뜨게 되며 부목浮木이 되니 火나 土가 반드시 있어야 한다.

(2) 을목乙木

乙木은 계절로 보면 새싹이 돋아나는 봄春이요, 방향은 동방東方에 속하고 음陰에 해당한다. 오행은 木에 속하고 인仁을 주도하며 甲木과 같이 성장과 발전을 뜻한다. 또한 乙木은 화초, 유실

수, 넝쿨식물, 곡식, 채소, 잔디, 생목生木, 묘목, 습목濕木 등을 나타낸다.

을일乙日에 태어난 사람은 대체로 심성이 어질고 착하여 부드럽고 연한 기氣의 뜻을 가지고 있어 교육자나 종교가, 철학자가 적합하다. 외면으로는 환경에 적응력이 강强하고 내면에는 강인성이 내포되어 있어 의외로 고집이 강하다. 화려함과 사치, 첨단 유행 등에 현혹되기 쉬우며 직물, 예능에 관계가 깊다. 두령격보다는 참모나 보좌관역할이 좋으나 자기의 주관主觀을 살려나가야 한다.

을일乙日에 태어난 사람의 성정은 부드럽고 유약하게 보이나 끈질긴 생명력이 있으며 인내력과 지구력이 있어 어떠한 난관도 헤쳐 나간다. 그러나 다른 사람을 이용하려 하거나 의지하는 경향이 있어서 사치나 허영심을 이겨나가야 한다.

오행적五行的으로는 乙木은 봄에 태어나서 火가 필요한 것은 꽃이 피는 것을 기뻐하기 때문이고, 여름에 태어나서 水가 필요한 것은 건조한 땅을 적셔주기 때문이다. 가을에 태어나서 火가 필요한 것은 金을 제거하여 木을 보호해 주기 때문이다. 겨울에 태어나서 火가 필요한 것은 한파寒波로부터 추위를 풀어 주기 때문이다.

(3) 병화丙火

丙火는 계절로 보면 여름夏이요, 방향은 남방南方에 속하고 양陽에 해당한다. 오행五行은 火에 속하고 예의를 뜻한다. 또한 丙火는 태양, 전기, 연료, 화약, 폭발물, 방사선, 화공약품 등에 비유하기도 한다.

병일丙日에 태어난 사람의 직업은 만인萬人에게 밝게 비추어 어둠을 물리쳐 주고 모든 생명과 초목을 기르는 지도자이므로 명예직, 개혁자, 조직관리, 종교, 철학에 소질이 있다.

병일丙日에 태어난 사람의 성정은 타인의 부정과 불의를 못 보는 강인성을 가지고 있으면서 모든 사람들에게 평등하게 대해 주고 솔직하고 담백하며 양보심이 대단하다.

한편, 자기를 너무 과신過信하여 타인을 무시하거나 바른말을 잘하며 자기 속마음을 그대로 노출시킬 뿐만 아니라 간혹 감정을 누르지 못하고 물불을 가리지 않고 결단을 해야 속이 시원하기 때문에 구설수口舌數가 따르고 미움을 사기도 한다.

丙火는 매사에 정열적이고 적극적이며 헌신적인 면도 있지만 인내심을 기르고 속마음을 너무 노출시키지 말고 타인의 의견을 경청하고 포용하는 습관을 길러야 한다.

오행적五行的으로는 丙火는 순수한 양화陽火이므로 그 기세氣勢가 맹렬하여 서리와 눈을 업신여기며 추위를 제거하고 언 것을 녹이는 공功이 있다.

그래서 庚金을 능히 녹일 수 있으며 辛金을 보면 병신합丙辛合하여 양처럼 순해지고 화평하게 된다. 土가 있으면 자애심慈愛心이 생겨 金을 공격하지 않는다. 水가 있으면 충절을 지켜 수화기제水火旣濟가 되어 대적하지 않는다.

(4) 정화丁火

丁火는 계절로 보면 여름夏이요, 방향은 남방南方에 속하고 음陰에 해당한다. 오행五行은 火에 속하며 예의를 뜻한다.

丁火는 살아있는 생화로서 작은 빛이나 열을 나타내며, 등불이나 촛불, 화롯불, 난로 외에도 전자제품과 금속을 녹이는 용광로 등에 비유하기도 한다.

丁火는 순수한 열기로서 어둠을 수호하는 화신에 비유할 수 있고 정情으로 뭉쳐진 글자로서 하늘에서는 별이며 은하계를 상징한다.

정일丁日에 태어난 사람은 대체로 예의가 바르고, 호소력이 강強하고 인기가 뛰어나고 순간적인 비난의 화살이 되기도 한다. 그래서 사교적인 직업과 관계되는 유흥업, 기도와 명상을 하거나 종교, 철학자, 미래에 대한 연구를 하는 과학자나 운명학자, 칼을 차고 권력이나 사회질서社會秩序를 이끌어 가는 법조계도 인연이 있다.

정일丁日에 태어난 사람의 성정은 외면으로는 조용하고 약弱하게 보이나 내면에는 자존심과 집념이 대단하고 정신력도 강強하다. 자신을 희생하면서 헌신적이고 봉사정신이 강하다.

반면에 부정한 행위나 이해관계가 없는 일에도 옳고 그름을 따지는 성격으로 미움을 사기도 한다. 그래서 丙火와 같이 인내심과 포용력이 필요하다.

오행적五行的으로 丁火는 辛金이 乙木을 상傷하지 못하게 하는 것은 丁火가 나서서 지켜 주고 丁壬이 합合하여 합목合木으로 戊土가 壬水를 상傷하지 않도록 막아 주는 충성심이 있다.

甲이나 乙이 천간天干에 있다면 가을에 태어나도 金을 두려워하지 않고, 지지地支에 寅이나 卯가 있다면 水를 두려워하지 않는다.

(5) 무토戊土

戊土는 계절로 보면 4계四季요, 방향은 중앙中央에 속하고 양陽

에 해당한다. 오행五行은 土에 속하고 신의를 뜻한다. 또한 戊土는 높고도 큰 산, 넓은 들판, 강과 호수를 막는 제방, 높은 언덕이나 고개, 성곽城廓이나 축대에 비유하기도 한다.

戊土는 항시 신의을 위주로 근본이 바르게 살려고 하는 기질이 있으며 태산처럼 믿음직스럽고 똑똑하며 언행이 신중하고 온후하면서도 후덕하다. 무일戊日에 태어난 사람의 직업은 토지와 관계있는 부동산이나 농수산계통에 인연이 있고 성실하고 책임감이 강强하여 신용을 중히 여기고 매사에 생각이 깊어 모든 사람을 포용하며 중용을 지키기 때문에 중재를 요하는 자문역할이 적합하다.

또한 사물을 관찰하고 사람을 파악하는 능력과 멀리 내다보는 예측력을 가지고 있기 때문에 세속과 멀리하는 종교, 철학방면에도 소질이 있으나 대체로 어떤 직종이든 적응력이 강强하다.

무일戊日에 태어난 사람의 성정은 주관과 개성이 강하여 사리를 판단하는 능력이 탁월하나 주위사람과 잘 어울리어 동화력이 풍부한 것은 좋으나 지나친 자기 과신과 아집은 독선과 교만의 오해를 초래하는 경우가 있다.

오행적五行的으로는 戊土가 봄이나 여름에 태어나서 火가 왕성하면 마땅히 水로 적셔 주어야 만물이 소생하는 법이고 건조하면 시들게 되는 것이다.

가을과 겨울에 태어나고 水가 많으면 戊土를 火로 따뜻하게 해주어야 한다. 너무 습濕하면 뿌리가 썩거나 만물이 병病 들게 된다. 또 戊土가 辰戌丑未월에 태어나 金을 가장 반기게 되는 것은 강强한 토기土氣를 설기泄氣 시켜 유행하게 되어 귀격이 되기 때문이다.

(6) 기토己土

己土는 계절로는 4계四季에 속하며 방향은 중앙에 속하고 음陰에 해당한다. 오행五行은 土에 속하는 것으로 신의를 뜻한다. 또한 己土는 전답, 옥토, 윤토, 습토, 전원, 정원, 화원, 평야, 분지, 사토 등에 해당한다.

己土는 곡식을 심을 수 있는 논밭을 나타내며 만물을 성장시키는 배양토와 같다. 그래서 끈질기고 끈끈한 노력과 참고 견디는 인내력이 대단할 뿐만 아니라 만물의 열매를 잉태하고 생명을 창조하는 힘이 강하다.

기일己日에 태어난 사람의 직업은 참고 견디는 자기 본능의 기질을 지키려는 강한 의지 때문에 훌륭한 아이디어를 창출하는 개발이나 혁신을 요하는 반도체사업, 참모직, 연구원 등이 적합하다.

기일己日에 태어난 사람의 성정은 순박하고 부드러우며 조용한 가운데 자기표현을 잘 드러내지 않으며 어머니와 같은 자애로움과 포용력를 가지고 있다. 또한 남을 잘 이해하여 주며 항상 대의大義와 중용中庸을 지키며 언행이 일치하고 신중하게 처신하며 자기 일에 충실하다.

그러나 순진하고 어수룩한 행동으로 자기 실속을 챙기는 이기주의적인 성격이 있으며, 자기 속마음을 보이지 않으며 매사에 주도면밀周到綿密하여 신경이 예민하며 까다로운 면이 내포되어 있다.

오행적五行的으로는 己土는 습토濕土로서 木이 성盛 해도 己土의 성품이 부드럽고 화목하여 오히려 木을 배양培養하니 木이 극剋하지 못한다고 하는 것이며 水가 왕旺 해도 두렵지 않는 것은

己土가 엉기는 성질이 있어 오히려 水를 저장貯藏한다.

음토陰土는 火를 어둡게 하고 金이 많아도 빛이 나는 것은, 습토濕土는 능히 金을 생生할 수 있는 것이다. 丙火가 있으면 음습陰濕한 기氣를 제거해 주어 만물은 충분한 자생력을 얻게 되는 것이다.

(7) 경금庚金

庚金은 계절로 보면 가을秋이요, 방향은 서방西方에 속하고 양陽에 해당한다. 오행五行은 金에 속하는 것으로 의리를 뜻한다. 또한 庚金은 물상학적物像學的으로는 백운白雲, 달月, 은하수, 성좌星座, 서리, 강철, 무쇠나 원석, 기계, 총포, 검인劍刃, 무관, 깡패 등을 나타낼 뿐만 아니라 庚金은 오행五行 중 가장 강強한 뜻을 가지고 있기 때문에 권력이나 명예, 생살권, 변혁, 강제, 흉폭 등을 나타낸다.

庚金은 곡식穀食과 의식이 풍요함을 나타내고 완숙한 과실이나 열매를 나타내기도 한다. 그래서 무한無限한 의식依食의 보고寶庫로서 창조, 개척, 개발, 연구하는 뜻도 포함되어 있다.

경일庚日에 태어난 사람의 직업은 법조, 의약, 군경 등 생살지권生殺之權를 장악하는 직업이 적합하다. 경일庚日에 태어난 사람의 성정은 의협심이 강하고 정의롭고 용감한 기질로 책임감과 소속감이 강하여 강자에게는 대항하고 약자는 도와주는 희생정신이 강할 뿐만 아니라, 공사를 분명히 가리고 지도력과 통솔력이 뛰어나며 결단력과 소신이 강하여 한번 결정한 일은 끝까지 밀어붙이는 추진력이 강하다.

그래서 한편으로는 성격이 조급하거나 난폭하고 명예욕이 강해 독선적인 면이 있고 과격하게 일을 처리하기 때문에 대인관계가 원만하지 못하여 스스로 재앙災殃을 불러 일으키는 경향이 있다. 이것은 똑같은 칼이라도 같은 칼이라도 장수將帥가 쓰면 나라를 구하고 악마惡魔가 쓰면 해害 치는 이치와 같은 것이다.

오행적五行的으로는 庚金은 壬水를 얻어 맑아지는데 壬水는 강强한 살殺의 기운氣運을 설기泄氣 시켜 유통시키면 옥빛으로 투명하여 맑아진다.

庚金이 丁火를 얻으면 음기陰氣가 부드러워 꾸미고 녹여서 홍로紅爐 속에 제련시켜 칼과 창을 만든다.

庚金이 봄, 여름에 태어나면 기氣가 약弱 해지는데 습토濕土인 丑이나 辰을 만나면 생조生助를 받지만, 조토燥土인 未나 戌을 만나면 도움을 받지 못하고 쇠약衰弱 해진다.

(8) 신금辛金

辛金은 계절로 보면 가을秋이요, 방향은 서방西方에 속하고 음陰에 해당한다. 오행五行은 金에 속하는 것으로 정의를 뜻하며, 辛金은 완성된 보석寶石이나 광명과 빛남의 뜻이 숨어있다. 또한 辛金은 물상학적物像學的으로 금은金銀, 칼이나 장식품, 숙과熟果, 종자 등에 비유하기도 한다.

신일辛日에 태어난 사람의 직업은 기획이나 계산능력計算能力이 뛰어나 경영, 경제, 금융, 무역, 전자, 전기, 금속 등 재정과 반도체계통에 적합하다.

신일辛日에 태어난 사람의 성정은 온순하면서도 부드러우며 섬세하고 깔끔하게 보이지만 속은 굳고 단단하며 야무진 성격일 뿐만 아니라 감수성이 예민하고 정情에 치우치기 쉬우나 매사를 처리할 때 정확하고 치밀하며 단호하게 처리하는 편이다.

그러나 자존심이 강하고 욕심이 많고 유아독존唯我獨尊에 빠져 타인으로부터 비난을 사기도 한다. 또한 행동과 실천이 강하여 항상 새로운 것을 추구하는 장점이 있다. 그래서 항상 겸손謙遜한 태도와 부드러움을 유지하는 데 노력해야 한다.

오행적五行的으로는 戊土가 많으면 水가 마르고 金이 묻히기 때문에 두려워한다. 壬水가 충분하면 土가 습濕하여 辛金을 생조生助하기 때문에 좋은 것이다. 丙火와 辛金이 합合하여 水가 되면 丙火는 甲木을 태우지 못한다.

여름에 태어나 火가 많으면 己土가 설기泄氣시켜 어둡게 하고 金을 생조生助해야 좋고 겨울에 태어나서 水가 왕旺하면 丁火가 水를 줄여 金을 생조生助해야 좋은 것이다.

(9) 임수壬水

壬水는 계절로 보면 겨울冬이요, 방향은 북방北方에 속하고, 양陽에 해당한다. 오행五行은 水에 속하고 지혜를 뜻한다.

壬水는 물상학적物像學的으로 큰 강물이나 바다, 호수와 같이 많은 양量의 물을 의미하며, 열매가 익어 씨앗이 되어 땅속에서 다시 새로운 생명을 잉태하는 뜻이 내포되어 있다.

임일壬日에 태어난 사람의 직업은 대체로 총명하고 지혜로워 지식을 필요로 하는 학문으로 교수, 연구원, 학원경영이 적합하다. 임일壬日에 태어난 사람의 성정은 두뇌가 총명하고, 창의력이 뛰어나고 앞을 내다보는 예지력豫知力을 지니고 있다.

또한 성품性品이 물처럼 깨끗하고 바다처럼 마음이 넓으며 모든 것을 수용하는 포용력을 가지고 있으며, 항상 꾸준히 노력하며 새로운 것을 탐구하여 지식智識이 풍부하며 매사每事에 서두르지 않고 침착하게 전진한다.

한편으로는 깊은 물속을 제대로 알 수 없듯이 속마음을 잘 드러내지 않아 비밀이 많다는 오해를 받기 쉬우며 너무 머리가 비상하여 남을 무시하거나 자기 자신을 너무 과신하여 자기 꾀에 넘어가는 경우가 있다.

오행적五行的으로는 壬水는 양수陽水이며 수많은 하천의 근원이 되어 나아가기는 쉬우나 물러서기는 어려운 것이다. 지지地支에 申子辰 수국水局을 이루고 천간에 癸水가 있으면 기세가 범람하여 戊己土가 있더라도 그 흐름을 막을 수 없다. 이때는 반드시 木이 설기泄氣하여 다스려야 한다.

여름에 태어나고 지지地支에 火土가 왕성하고 천간天干에 火가 나타나면 火를 따르게 되어 종화從火가 되고 왕성한 土가 천간에 나타나면 土를 따르게 되어 종토從土가 되는 것이다.

(10) 계수癸水

癸水는 계절로 보면 겨울冬이요 방향은 북방北方에 속하고 음陰에 해당한다. 오행五行은 水에 속하고 지혜를 뜻하며, 우리가 살고 있는 우주나 지구의 모든 냉기冷氣와 습기濕氣로 통한다.

癸水는 물상학적物像學的으로 산골짜기에서 흘러내리는 작은 계곡물이나 새벽에 오솔길을 걸을 때 옷깃에 스며드는 아침이슬이나 땅에서 졸졸졸 흐르는 시냇물이나 샘물과 같은 생수, 원천수로서 정지하거나 모여 있지 않고 항상 흘러내리는 물로서 만물을 자양滋養하는 근본根本이다. 그래서 종자種子, 정자精子, 원자原子, 분자分子, 전자電子 등에 水에 해당하는 子를 사용하는 것이다.

癸水에 태어난 사람의 직업은 미래에 대한 설계, 개발, 의학, 예능, 기술, 문학 등에 인연이 깊다. 계일癸日에 태어난 사람의 성정은 지모智謀가 뛰어나고 준법정신遵法精神이 강强하고 환경대응능력이 뛰어나다. 그러므로 지도자가 되기보다는 참모나 보좌관 역할이 좋다.

또한 매사에 조용하게 노력하고 순종하는 자세와 애교를 겸비하여 상대방의 심리파악을 잘하고 자상한 인정을 베푸는 특이한 장점이 있다. 그래서 자칫하면 변덕스럽고 지조가 없으며 비밀스럽게 보이는 오해를 받을 소지가 있다.

오행적五行的으로는 癸水는 음수陰水이며 약弱한 성질性質 이다. 그래서 火土가 많으면 오히려 癸水는 탁濁하게 된다. 만약 金水의 왕지旺地인 가을과 겨울에 태어나면 천간天干에 丙丁火가 있더라도 종수從水해야 한다.

이상에서 10간十干의 오행五行에 따른 성정으로 생일生日의 천간天干, 오행을 위주로 하여 일반적으로 살펴보았으나, 타주他柱의 삼간三干, 사지四支에 의하여 달라지기 때문에 단편적인 판단은 금물禁物이다. 즉 생시生時와 월지月支에 따라 오행의 기운이 왕성하거나, 너무 지나침太過, 불과不過 함에 따라 변화된 성정性情을 예측豫測하는 것이다.

다시 한 번 오행의 성정을 살펴보면 다음과 같다.

甲木이나 을목일乙木日에 태어난 사람은 성품이 온순하고 부드러우며 강직하고 화평과 질서를 좋아하고 인정이 많다.

丙火나 정화일丁火日에 태어난 사람은 성품이 명랑하고 예의가 바르며 원칙론적原則論的이면서 조급躁急하다.

戊土나 기토일己土日에 태어난 사람은 신의가 있고 책임감이 강强 하며 신앙심이 있고 도량이 넓고 관대하며, 포용력이 있다.

庚金이나 신금일辛金日에 태어난 사람은 성품이 강렬强烈하고 모든 일에 대하여 과단성과 결단성이 있으며, 의리를 중히 여기고 신체가 건장하고 정신이 맑다.

壬水나 계수일癸水日에 태어난 사람은 지혜롭고 원만하다. 한편 마음이 넓고 깊어서 속마음의 깊이를 알 수 없고, 책략策略이 원대遠大하며 총명하나 한번 화가 나면 노도怒濤와 같이 무서운 사람이다. 이상을 도표로 정리하면 다음과 같다.

천간의 속성 도표

천간	甲	乙	丙	丁	戊	己	庚	辛	壬	癸
계절 季節	춘 春	춘 春	하 夏	하 夏	사계 四季	사계 四季	추 秋	추 秋	동 冬	동 冬
방향 方向	동 東	동 東	남 南	남 南	중앙 中央	중앙 中央	서 西	서 西	북 北	북 北
음양 陰陽	양 陽	음 陰	양 陽	음 陰	양 陽	음 陰	양 陽	음 陰	양 陽	음 陰
오행 五行	양목 陽木	음목 陰木	양화 陽火	음화 陰火	양토 陽土	음토 陰土	양금 陽金	음금 陰金	양수 陽水	음수 陰水
오상 五常	인 仁	인 仁	예 禮	예 禮	신 信	신 信	의 義	의 義	지 智	지 智
직업 職業	교육 공무	교육 연구	명예 종교	과학 철학	부동산 농수	개발 연구	생살 무관	경영 반도	교육 학원	예능 기술
형상 形象	대림 동량	유목 지엽	광선 태양	성좌 등촉	고원 산야	유토 전답	강금 장철	제련 금은	호수 해수	유수 유수
성정 性情	정직 강직 성실 진취 의지 투지	인내 지구 생명 유약 의타 허심	정의 명예 강인 솔직 담백 양보	예의 사교 자존 집념 정 희생	신의 온후 후덕 성실 책임 포용	노력 인내 창의 의지 연구 혁신	창조 개척 개발 의협 정의 책임	온순 유약 섬세 예민 정확 치밀	총명 지혜 연구 포용 노력 예지	지모 예술 기술 문학 환경 복종

4. 지지의 특성

지지地支란 천간天干의 상대적인 개념이라 할 수 있다. 천간은 한 가지의 순수한 기운氣運이지만 지지는 2-3개의 기운이 항상 같이 존재하기 때문에 세력의 강약强弱을 판단하기가 쉽지 않다. 이것은 하나의 지지에 천간이 암장暗藏되어 있기 때문이다.

지지는 상하유정上下有情하여 천간과 상응하여 기운이 상생相生하거나 상극相剋하기도 하며 지지는 서로가 좌우정협左右情協 되어 합合하거나 서로 충沖하여 분열이 심하다. 그래서 세력勢力의 균형均衡과 조화調和의 변화가 대단하다.

삼라만상三羅萬像은 대별大別하여 하늘天과 땅地의 양대요소兩大要素로 분리하였고, 우리 인간도 정신과 육체로 양분하였다. 이것을 명리학命理學에서는 천지天地를 음양간지陰陽干支 또는 천간지지天干地支로 칭稱하였다.

지지의 부호符號를 子丑寅卯辰巳午未申酉戌亥 12개로 설정하여 모든 만물의 형체形體, 양질量質을 총망라하여 응용되고 있다. 12지지十二地支에서 음양陰陽으로 구분하며 양지陽支와 음지陰支로 양분되고 다시 양지陽支 중에서도 양지와 음지로 구분되고 있다.

양지는 子寅辰午申戌이고 음지는 丑卯巳未酉亥이다. 또 양지중에서도 양분하면 양지중양지陽支中陽支는 子寅辰이고 양지중음지陽支中陰支는 午申戌이다. 또한 음지중양지陰支中陽支는 丑卯巳이고 음지중음지陰支中陰支는 未酉亥이다.

계절季節에 따라 구분하면 양陽은 寅卯辰巳午未 이고 음陰은 申

酉戌亥子丑 이다. 조습燥濕으로 구분하면 寅卯巳午未戌은 건조乾燥하고 子丑辰申酉亥는 한습寒濕하다.

지지地支도 천간天干과 같이 寅卯木은 계절로는 봄春이요, 동방東方에 속하고, 巳午火는 계절로는 여름夏이요, 남방南方에 속하고, 申酉金은 계절로는 가을秋이요, 서방西方에 속하고, 亥子水는 계절로는 겨울冬이요, 북방北方에 속한다.

다만 천간과 다른 점은 土가 木火와 金水의 중간에서 균형을 유지하는 역할을 하지만 지지에서는 계절季節과 계절季節 사이에서 계절季節의 변화에 따라 중화中和 작용을 하고 있는 것이다.

이것은 춘절春節과 하절夏節 사이에는 辰土, 하절夏節과 추절秋節 사이에는 未土, 추절秋節과 동절冬節 사이에는 戌土, 동절冬節과 춘절春節 사이에는 丑土가 위치하여 각각 계절과 계절을 조절調節하고 있는 것이다.

또한 천간은 土가 둘이지만 지지地支는 土가 넷이 되어 천간보다 둘이 더 있어 12지지十二地支가 되는 것이다. 즉 子, 丑, 寅, 卯, 辰, 巳, 午, 未, 申, 酉, 戌, 亥로 순환하고 있는데, 그 이유는 일년一年의 시작인 자월子月부터 시작하고 하루의 시간時間도 자시子時부터 시작이 되기 때문에 지지의 시작이 子로부터 시작되는 것이다.

그 이유는 하夏나라 때에는 인월寅月부터 머릿달로 하였고 은殷나라때에는 축월丑月부터 한해의 머릿달로 써왔으며 주周나라때에 자월子月을 머릿달로 사용한 것이 현재까지 이어져 오고 있는 것이다.

(1) 자수子水

고서古書에서 子水는 잉자孕字에서 子만 취하였고 만물의 씨앗을 의미하여 잉태孕胎하여 새로운 생명生命이 땅속에서 자란다는 뜻이다.

계절로는 겨울冬이요, 월月로서는 11월이며 대설절大雪節이다. 하루로서는 한밤중 0시를 기준하였으니 전일 밤 11시부터 당일 새벽 1시 사이를 말하며, 0시를 기점으로 새날이 되므로 극음지기極陰之氣에서 음陰의 최극最極을 넘어서 새날이 되는 일양시생一陽始生이 된다.

방위方位는 정북방正北方이며, 천간天干의 癸水는 지상地上에서 유동流動하는 습기요, 子水는 지면의 천川, 지하의 수맥水脈등 흘러내리는 상태의 水로서 유천流川이라고 한다. 오행으로는 水에 속하며 양陽이다.

색채는 흑색黑色이며, 동물로는 쥐가 되며, 인체로는 작은골과 신경선이요, 요도尿道, 혈관血管을 포함한 신장腎臟이요, 수리數理는 1이 된다. 쥐는 눈이 작지만 밤에는 빛을 내고 양陽에 속하지만 실제로는 일음일양一陰一陽으로서 앞 발가락은 4개이니 음陰에 속하고, 뒷 발가락은 5개이니 양陽에 속한다.

성은 항상 움직이고 있어서 만물에 희망을 주고 새로운 정신을 갖게 하는 정중동靜中動의 작용을 한다. 그래서 지혜발상智慧發想을 하니 예감, 촉감, 생각 등의 시발점이 되는 것이다. 또한 계획성이 있고, 항상 끈질기게 일어나려는 지구력이 대단하며, 새로운 생명체를 조성할 수 있는 능력을 갖추고 있다.

(2) 축토丑土

丑土는 뉴자紐字에서 丑만을 취하였고, 얽매인 상태나 묶여 있는 상태에서 지기地氣가 열린다는 뜻이다.

丑土는 토기土氣요, 음토陰土이며, 한냉지토寒冷之土이며 동토凍土요, 이양지기二陽之氣에 해당하며 계절로는 4계四季이며, 월로는 12월이요, 동지冬至에 속하여 년중한기年中寒氣가 극심한 달이다. 하루로서는 새벽 1시부터 3시 사이를 말하며 하루 기간 중 기온이 가장 내려간 시간이다. 년 중에서 축인월丑寅月이 가장 춥고 하루는 3시 중심으로 축인시丑寅時가 가장 추운 것이다.

방위로는 동북간방東北艮方이요, 오행으로는 土에 속하고, 색으로는 황색黃色이며, 동물로는 소가 되며, 인체로는 子와 연결되어 있는 습지濕地로서 흑색모전黑色毛田과 연결되어 있는 땀이 흐르는 곳을 말하며, 뒷목부위脊椎上部位를 말하며, 수리數理는 10이다. 또한 사타구니, 겨드랑이 등 땀이 많이 나는 곳이다.

소丑은 어금니가 없지만 입술이 발달되어 있으며 발톱이 두 쪽으로 양분되어 있어 음陰에 속한다. 성정은 축丑으로서 근면성을 말하며, 축일생丑日生은 부지런하고 타인에게 도움을 많이 주지만 자신은 받지 못한다. 즉 궂은일은 도맡아 하면서도 결과에 대한 잘못은 본인이 송두리째 부담하는 일이 많다. 외적外的으로는 조용하면서도 만물에게 소생蘇生의 기쁨을 주지만, 내적內的으로는 냉정하고 고독하므로 참모격參謨格으로는 적당하다.

(3) 인목寅木

寅木은 연자演字에서 寅만을 취하였고 지렁이처럼 꿈틀거리며 나오는 형상으로 만물이 생성되어 활동하는 때를 의미한다. 방위로서는 동방東方이요, 오행은 木에 속하여 따스한 봄기운이 스며드는 때이다. 계절로는 봄春이요, 월로서는 정월正月이고 입춘절立春節이다. 동풍東風으로 해빙하고 지중제충地中諸蟲이 시동始動을 준비하고 초목이 맹아萌芽하는 청양지절淸陽之節이며 삼양지기三陽之氣에 해당한다.

하루로서는 새벽 3시부터 5시 사이를 말하며 해는 보이지 않지만 전광前光에 의하여 밝아오는 상태로서 만물의 변동이 처음 보이기 시작한 때를 말한다. 즉 만물시견萬物始見하는 시간이기 때문에 새벽잠에서 일어나 하루의 계획을 세우는 시간이다. 그래서 하루의 계획計劃은 인시寅時에 년 중의 계획은 인월寅月에 세우는 것이다. 색은 청색靑色이며 동물로는 범虎이며 인체는 척추脊椎, 팔과 다리를 말하며 수리數理는 3이다.

호랑이寅는 목이 없으면서도 잘 달리고, 발가락이 다섯이나 되어 양陽에 속한다. 성정으로는 용기와 추진, 인내를 말하며 만물의 계획이며 시작을 뜻한다. 매사에 자신감이 있고 진취적이며 양기가 충만하여 포부가 크고 인정이 많다. 그러나 순진하여 남에게 잘 속고 자기 꾀에 넘어가는 경우가 많으며 너무 과신過信하여 실패하거나 허망함을 당하는 경우가 많으니 겸양지덕謙讓之德을 쌓는 수양修養이 요구된다.

(4) 묘목卯木

묘자卯字는 류자柳字에서 卯만을 취하였으며 卯木은 씨앗이 땅을 뚫고 나와 흙을 뒤집어쓰고 나오는 상태를 의미하며 계절로는 봄春이요, 방향은 동방東方에 속한다. 월로는 2월이요, 절기로는 경칩절驚蟄節이다. 또한 오행은 木에 속하는 것으로 대지를 뚫고 나오는 싱싱한 식물의 기운이 풋풋한 냄새를 물씬 풍기며 자라는 작고 연약한 풀뿌리와 같다.

생물生物의 시생始生이라 하는 卯는 묘苗로서 '싹'을 말한다. 卯木은 음목陰木이며, 생목生木이요, 활목活木, 습목濕木, 유목柔木, 초근목草根木이며 사양지기四陽之氣이다.

하루로서는 오전 5시부터 오전 7시 사이를 말하며 태양이 지면을 비추기 시작한 시간이다. 그래서 색은 청록색靑綠色을 의미하며 동물로는 토끼兎에 속하고 인체로는 활동이 많은 부위로서 사지말미四肢末尾와 수족手足을 의미하며 수리數理는 8이다. 토끼는 입술이 없지만 무엇이든지 잘 뜯어먹고, 발가락이 넷이므로 음陰에 속한다.

성정은 끝없이 뻗어 나가려는 활동성이 강하고 기회만 있으면 상승上昇하려는 과욕이 잠재되어 있다. 그래서 자만심이 넘쳐 유아독존격唯我獨尊格으로 자아성찰이 필요하며 자제력이 부족하니 인내심을 길러야 한다.

(5) 진토辰土

辰土는 진자震字에서 辰만을 취하였으며 만물이 활기차게 움직여 욱일승천旭日昇天하는 좋은 때를 의미한다. 辰土는 양토陽土요, 습토濕土요, 왕토旺土요, 제방이요, 산 등에 해당되며 오양지기五陽之氣로서 만춘지절滿春之節이다. 오행은 土에 속하며 양陽이다. 계절로는 4계四季요, 청명절淸明節이다. 춘기春氣가 상승하여 寅卯에서 올라온 묘엽苗葉이 활착活着하는 계절이다. 하루로는 오전 7시부터 9시 사이를 말한다.

색은 황색黃色을 의미하며 동물로는 용龍이며 인체로는 위장胃腸에 속하고 수리數理는 5이다. 용은 귀가 없어도 청각이 발달하여 만리의 음향을 듣고, 발가락이 다섯 개나 있으니 양陽에 속한다.

성정은 이상과 꿈이 높고 활기차고 의욕이 넘치고 창의력이 뛰어나고 논리가 정연하며 풍류낙천적風流樂天的이고 해외여행이나 외국과 관련된 직업에 인연이 있다.

욕심이 과다하고 이상이 높기 때문에 자기 자신을 지키기 위한 수비와 투쟁의 기질이 있으며 색정色情도 강하다. 辰土는 깨끗한 성격에 신경이 예민하고 화려함이 감추어져 있어 예능에 특출한 기질이 있다. 그러므로 辰土가 있는 사람은 과욕을 부리지 말고 침착성을 가지고 타인을 포용하면서 희생심과 봉사정신을 키워야 한다.

(6) 사화巳火

巳火는 기자起字 중에서 己의 원자原字인 巳만을 취하였다고 하며 이미 지나갔다는 뜻으로 만물이 무성해진 상태를 의미한다. 巳火는 화기火氣요, 양화陽火이며 왕화旺火이다. 또한 강화剛火요, 강렬지화强烈之火서 육양지기六陽之氣이다.

계절로는 초하初夏요, 방향은 남방南方이고 오행은 火에 속하며 음陰에 해당하는 것으로 초여름 더위가 땅속에서 뿜어져 나오는 지열地熱과 같은 의미이다. 월은 4월이요, 입하절立夏節이다.

하루로는 오전 9시부터 11시 사이를 말하며 자기 일에 활발하게 열중하고 욕망을 불태우는 시간이다. 색은 적색赤色이며 청색靑色이 약간 섞인 분홍색에 가까운 색이다. 동물로는 뱀이 되며 인체로는 심장계통, 치아, 좌우 다리와 오른 손발을 의미한다. 수리數理는 2이다.

뱀은 발이 없어도 행동이 민첩하고, 발가락이 없는 대신에 혀가 양분되어 있어 음陰에 속한다.

성정은 소리 없이 진행하는 뱀과 같다. 뱀은 수족이 없으면서 움직이는 진행파요, 정신적인 발전을 추구하는 본질을 가지고 있으므로 학구적인 면도 있다. 만사에 호기심이 많아서 항상 변화가 많다. 그래서 직업, 환경, 심지어 배우자까지도 바뀌는 경우가 있다. 또한 외적성질에 한번 성질이 나면 좌우를 살피지 않는다. 그래서 인내심과 수양지기修養之氣가 필요하다.

(7) 오화午火

午火는 시자矢字에서 午만을 취하였다고 하며 "거슬린다."라는 뜻으로 양기陽氣가 극極에 달하여 음기陰氣가 아래에서 올라와 양기를 거슬린다는 뜻이다. 午火는 화기火氣요, 음화陰火이며 생화生火요, 등촉지기燈燭之氣로서 일음지기一陰之氣이다.

계절로는 중하仲夏가 되며 방향은 정남正南이고 오행은 火에 속하고 양陽에 해당하는 것으로 한여름 태양이 작열하는 폭염속의

햇볕과 같다. 월은 5월이요, 망종지월芒種之月이다. 하루로는 오전 11시부터 오후 1시까지이며 일광日光이 최상에 있는 시간이다. 巳는 광채에서 오는 밝음이지만 午는 광열로서 최고기最高氣를 말한다. 색은 적색赤色이며 동물로는 말이며 인체로서는 심장이며 수리數理는 7이다.

말은 겁이 많지만 항상 서서 잠을 자며 발굽이 하나로 양陽에 속한다. 성정과 관련하여 고서古書에서 午火는 로대爐擡라고 하였는데 이는 봉화대와 통한다. 그래서 새로운 소식을 전하는 통신용으로 사용하게 되니 새로운 소식과 관련이 있는 정보통신과 신문방송에 인연이 있다. 새로운 것에 민감하고 포부가 대단하여 높이 솟아 올라가려는 기질이 있다. 또한 고집도 강하다. 매사에 변화가 많아 풍운아風雲兒이면서 학구열이 높아 교육, 문화, 언어 등의 사업과 관련이 많다. 한편 너무 화끈하고 솔직하여 남에게 이용을 잘 당할 수도 있으니 주위환경에 신중을 요한다.

(8) 미토未土

未土는 미자味字에서 未만을 취하였고 만물이 이루어져 그 열매가 맛이 있다는 뜻이다. 未土는 토기土氣요, 음토陰土요, 왕토旺土이고 조토燥土로서 이음지기二陰之氣이다. 未土는 6월의 흙이며 辰土에서 넘어온 토기土氣이니 진월辰月부터 4, 5월을 지나오면서 수분을 다 사용하여 조토燥土가 된 土이다.

계절로는 4계四季에 속하며 방향은 중앙에 속하고 오행은 土에 해당하며 음陰에 속하는 것으로 더위가 한풀 꺾여 늦은 여름이라 물이 부족한 메마른 흙과 같다. 월은 6월이요, 염천지절炎天之節

이며 처서절處暑節이다. 하루로는 오후 1시부터 3시까지이며 하루 중에 가장 기온이 높은 시간이다. 일 년 중에 미신월未申月이 가장 덥고 축인월丑寅月이 가장 춥다.

색은 본래 황색黃色이나 적색赤色에 가까운 적황색赤黃色이며 동물로는 양羊이며 인체로서는 비장이며 수(數理로는 10이다. 양은 눈동자가 없지만 죽어도 눈을 감지 않으며 발굽이 두 쪽으로 양분되어 음陰에 속한다. 성정은 일반적으로 미각이 발달하였으며 대인관계가 원만하다. 未土에 乙木이 있어 인내심이 있고 화초를 가꾸는 정원과 같으니 교육자나 연구원이 적합하다. 또한 온순하면서도 고집이 강하여 이성교제에 인기가 있으나 쉽게 싫증을 느낀다.

(9) 신금申金

申金는 신자伸字에서 申자만을 취하였고 펼쳐진다는 뜻으로 양陽의 기운이 꺾이고 음陰의 기운이 성盛하여 진다는 의미이다. 申金은 금기金氣요, 백기白氣요, 양금陽金이요, 강금剛金이며 완금장철頑金丈鐵로서 삼음지기三陰之氣에 해당한다. 또한 완숙된 과실이나 쇠鐵를 의미하며 만물이 팽창되어 있고 확산되어 있음을 정리하는 단계로서 질서를 유지시키려는 관공서와 같은 역할을 한다.

계절로는 가을秋이요, 방향은 서방西方에 속하고 양陽에 해당한다. 오행은 金에 속하는 것으로 초가을 숲 속의 습한 기운이 약간 감돌 때 만져보는 철광석과 같은 것이다. 월은 7월이요, 낮에 불볕더위가 작열하고 밤에는 양풍凉風이 부는 계절로서 오곡이 영글어가는 달이기도 하며 입추절立秋節이다.

하루로는 오후 3시부터 5시까지를 말하며 하루의 일과를 정산하여 거두어들일 준비를 하는 시간이다. 색은 본래 백색白色이나 붉은색이 가미되어 있는 황색黃色과 백색白色의 중간색이다. 동물로는 원숭이猴이며 인체로서는 신장을 보육하며 폐와 대장을 의미한다. 원숭이는 지라脾가 없지만 과일을 먹기 좋아하고, 발가락이 다섯 개이니 양陽에 속한다.

성정은 용기와 용단勇斷에 비유하기도 한다. 이것은 성품이 우직하고 단순하고 환경에 대한 적응력이 약하다. 또한 꿈과 이상이 뛰어나고 머리가 총명하다. 반면 언제나 양면성兩面性을 지니고 있으나 목적은 하나로 통일하려는 데 있다.

(10) 유금酉金

유자酉字는 주자酒字에서 酉자만을 취하였고 술 단지를 형상화시킨 것으로 술을 담근다는 뜻이며 申金은 청과靑果에 비유한다면 酉金은 숙과熟果와 같다. 酉金은 금기金氣요, 백기白氣이며 음금陰金이요, 생금生金이며 사음지기四陰之氣로서 유금柔金이요 연금軟金이요, 결실에 해당한다. 계절로는 가을秋이요, 방향은 서방西方에 속하고 음陰에 해당한다. 오행은 金에 해당하는 것으로 가을철 차갑고 습한 기운이 감돌 때의 귀금속貴金屬과 같은 것이다.

월은 8월이요, 청량지절淸?之節이며 중추절이고 백로절白露節이다. 하루로는 오후 5시부터 7시 사이를 말하며 모든 일을 마치고 가정으로 돌아와서 저녁밥을 먹는 시간이다. 색은 백색白色 으로 청명하고 소박함을 나타낸다. 동물로는 닭鷄이요, 인체로는 폐장이나 코를 의미한다. 닭은 콩팥이 없고, 절개가 없으며 발가락이 네 개이니 음陰 속한다. 성정은 냉철하여 맺고 끊음이 분명하다. 타산적이면서 실리적이다. 그래서 냉정하고 까다롭다. 酉金은 추한 것을 싫어하여 청결하고 정직하다. 자신이 깨끗하기 때문에 남을 탐색하는 능력이 있어 예술적인 감각이 뛰어나다. 반면에 정의롭고 자만심이 강하여 남으로부터 소외되기 쉽고 고독하다.

(11) 술토戌土

戌土는 융자絨字에서 戌자만을 취하였다고 하며 베로써 자루를 만들어 곡식을 담는다는 뜻도 있다. 戌土는 토기土氣요, 양토陽土이며 강토剛土요, 제방이며 산이다. 오음지기五陰之氣에 해당한다. 양기陽氣가 무덤에 들어가니 만물의 생장이 쇠멸衰滅하는 때이다.

戌土는 계절로는 4계四季이며 방향은 중앙에 속하고 양陽에 해당한다. 오행은 土에 속하는 것으로 늦가을 만물을 수확하여 저장할 때인 가을철의 흙과 같으며 모닥불, 화롯불로 비유하기도 한다. 월은 9월이요, 낙엽지절落葉之節이요, 한로시생寒露始生이다. 하루로는 오후 7시부터 9시 사이를 말하며 조용하게 하루 일과를 반성하는 시간이다. 색은 본래 황색黃色이나 백색白色과 흑색黑色의 중간이 되는 회색灰色에 가깝다. 동물로는 개戌이며 인체에서는 식도, 기관지 등을 의미하며 수리數理 로는 5이다.

성정으로 戌土는 화기火氣를 수장收藏하고 수기水氣를 생生하는 곳이니 반성과 수양을 동시에 하는 곳이며 교도소, 교회, 학교, 고산高山이나 사찰로서 과거의 잘못을 뉘우치고 참회하며 새로운 정신개조를 할 수 있는 도장이라 직업으로는 종교, 철학, 역사와 인연이 깊다.

개는 밥통이 없으나 더러운 것도 잘 소화시키고, 발가락이 다섯 개이니 양陽에 속한다. 戊土는 이렇게 바른 지혜를 일깨우는 곳으로서 만법의 진리를 터득하는 곳이기에 성불도량成佛道場이라고도 한다. 그래서 戊土를 가진 사람에게는 강제성을 띠고 성질을 건드리면 크게 노하기도 잘한다. 한편 수비의 본성으로 자신을 잘 감추고 정보능력도 강하고 풍류에도 소질이 있다.

(12) 해수亥水

亥水는 핵자核字에서 亥자만을 취하였으며 뿌리 속에 보관되어 있는 것을 의미한다. 亥水는 수기水氣요, 양수陽水이며 해수海水요, 호수이며 정지수停止水요, 강수剛水요, 육음지수六陰之水로서 음陰의 극極에 해당한다. 계절로 보면 겨울이요, 방향은 북방北方에 속하고 음陰에 해당한다.

오행은 水에 해당하는 것으로 언 땅에 고인 작은 물이며 생물의 배아胚芽를 돕는 작은 분량의 물이다. 월은 10월이요, 분설시강粉雪始降하니 입동절立冬節이라고도 한다. 하루로는 밤 9시부터 11시 사이를 말하며 고요하고 안정하며 잠드는 시간이며 만물의 정情과 핵核이 내포하고 암장暗藏되어 있는 상태를 말한다. 색은 흑색黑色이며 동물로는 돼지亥이며 인체로는 생식기, 자궁, 방광, 뇌 등을 의미한다.

돼지猪는 근육이 없으며 발굽이 양분되어 있어 음陰에 속한다. 성정은 지혜가 뛰어나고 인정이 많다. 고서古書에서 음陰, 화和 등의 의미가 있으나 매우 순진하고 전문성을 요하는 학문과 예술적 감각이 발달하였다. 또한 창의력, 혁신 등 남이 하지 못하는 특이한 소질이 있다.

亥水는 천문성天門星이 있어서 종교, 철학, 명상 등 정신세계와 인연이 있어 신앙심이 독실하고 예지력이 발달하고 식복을 많이 타고났다. 이상을 정리하면 다음과 같다.

지지의 속성도표

지지	子	丑	寅	卯	辰	巳	午	未	申	酉	戌	亥
자원	잉 孕	뉴 紐	연 演	유 柳	진 震	기 起	시 矢	미 味	신 伸	주 酒	융 絨	핵 核
계절	冬		春			夏			秋			冬
월	11	12	1	2	3	4	5	6	7	8	9	10
절기	대설 大雪	소한 小寒	입춘 立春	경칩 驚蟄	청명 淸明	입하 立夏	망종 芒種	소서 小暑	입추 立秋	백로 白露	한로 寒露	입동 立冬
시간	23- 01	01- 03	03- 05	05- 07	07- 09	09- 11	11- 13	13- 15	15- 17	17- 19	19- 21	21- 23
방위	北	北 東	東 北	東	東 南	南 東	南	南 西	西 南	西	西 北	北 西
오행	水	土	木		土	火		土	金		土	水
음양	陽	陰	陽	陰	陽	陰	陽	陰	陽	陰	陽	陰
오색	흑 黑	황 黃	청 靑		황 黃	적 赤		황 黃	백 白		황 黃	흑 黑
동물	서 鼠	축 丑	호 虎	토 兎	용 龍	사 巳	오 午	미 未	후 猴	계 鷄	술 戌	해 亥
장기	신장 腎臟	비장 脾臟	담 膽	간장 肝臟	위장 胃腸	소장 小腸	심장 心臟	비장 脾臟	대장 大腸	폐 肺	위장 胃腸	방광 膀胱
수리	1	10	3	8	5	2	7	10	9	4	5	6
장간	壬 癸	癸 辛 己	戊 丙 甲	甲 乙	乙 癸 戊	戊 庚 丙	丙 己 丁	丁 乙 己	戊 壬 庚	庚 辛	辛 丁 戊	戊 甲 壬
성정	지혜	희생	용기	활동	창의	학문	문화	연구	용기	자만	종교	학문

6장 천간지지 십대명운 표출방법

1. 육친의 의의

육친六親은 원명原命의 일간日干과 나머지 7자와의 관계를 나타낸 것으로 육신六神 또는 십신十神이라고도 한다. 일간을 기준으로 하여 나머지 오행五行의 음양陰陽과 생극生剋 관계를 가지고 부모형제, 처자식, 배우자와 같은 혈연관계血緣關係 뿐만 아니라 직업, 부귀빈천, 운로상運路上의 길흉화복吉凶禍福 등을 판단하는 데 가장 기본적인 법칙이다.

육친六親은 특성에 따라 인성印星, 관성官星, 식상성食傷星, 재성財星, 비겁성比劫星의 오성五星과 나를 포함한 기신己身을 합슴하여 육신六神이라고 한다. 오성을 다시 음양의 구분에 따라 십성十星으로 나누는데 정正과 편偏으로 구분한다. 즉 정은 음양이 다르게 배합되어 있고, 편은 음양이 한쪽으로 치우쳐 편중偏重 되어 있다.

십신 또는 십성은 인성에서 정인正印과 편인偏印, 관성에서 정관正官과 편관偏官, 재성에서 정재正財와 편재偏財, 비겁성에서 비견

比肩과 겁재劫財로 나누어진다. 육친六親 표출은 음양의 상호배합相互配合작용으로 편偏과 정正을 구별하게 된다. 편偏이 다섯 개인데 흉신凶神이라고 하고, 정正이 다섯 개인데 길신吉神이라고 한다.

양과 양을 편이라 하고, 음과 음도 편이라고 하며, 양과 음을 정이라 하고, 음과 양도 정이라고 하는데 양과 양의 결합도 정당하지 못하고 음과 음의 결합도 정당하지 못하다. 그래서 흉신이라 하고 양과 음의 배합은 정당하고 음과 양의 배합도 정당하기 때문에 길신이라고 한다. 원래는 비견은 정록이라고 하였고 겁재는 편록이라고 하였으며, 식신은 정식, 상관은 편식이라고 하였다. 편偏과 정正은 각각 다섯 개다.

2. 육친六親의 표출법

육친六親을 표출할 때에는 신속하게 해야 되지만 정확하게 표출해야 하기 때문에 먼저 용어用語를 이해하는 것이 유리하다. 비아자比我者는 나와 같은 자者로서 형제나 친구이며 비견比肩과 겁재劫財가 된다.

아생자我生者는 내가 낳은 자者로서 여명女命의 경우 자식이며 식신食神과 상관傷官이 된다. 아극자我剋者는 내가 상대를 극剋하는 자者로서 처와 부친이며 정재正財와 편재偏財가 된다.

극아자剋我者는 나를 극剋하는 자者로서 여명女命의 경우 남편이며 남명男命은 자식이며 정관正官과 편관偏官이 된다.

생아자生我者는 나를 낳은 자者로서 모친이요 정인正印과 편인偏印을 나타낸다.

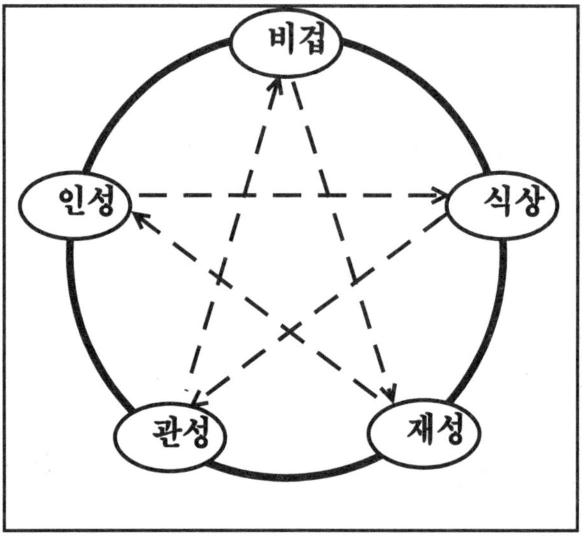

그러면 육신六神을 어떻게 표출하는가? 다시 말해서 육신六神을 찾아내는 방법을 말하는 것으로서 일간日干을 기준하여 오행의 생극작용生剋作用과 음양의 구분에 따라 결정되는 것이다.
비견比肩은 일간日干과 오행五行이 같고 음양陰陽이 같은 것이며
겁재劫財는 일간日干과 오행五行이 같고 음양陰陽이 다른 것이다.
식신食神은 일간日干이 생生하는 오행五行으로 음양陰陽이 같으며
상관傷官은 일간日干이 생生하는 오행五行으로 음양陰陽이 다르다.
편재偏財는 일간日干이 극剋하는 오행五行으로 음양陰陽이 같으며
정재正財는 일간日干이 극剋하는 오행五行으로 음양陰陽이 다르다.
편관偏官은 일간日干을 극剋하는 오행五行으로 음양陰陽이 같으며
정관正官은 일간日干을 극剋하는 오행五行으로 음양陰陽이 다르다.
편인偏印은 일간日干을 생生하는 오행五行으로 음양陰陽이 같으며
정인正印은 일간日干을 생生하는 오행五行으로 음양陰陽이 다르다.

3. 천간 육친 조견표

오행 / 천간 / 육친	木		火		土		金		水	
	甲 (+)	乙 (-)	丙 (+)	丁 (-)	戊 (+)	己 (-)	庚 (+)	辛 (-)	壬 (+)	癸 (-)
비견比肩	甲	乙	丙	丁	戊	己	庚	辛	壬	癸
겁재劫財	乙	甲	丁	丙	己	戊	辛	庚	癸	壬
식신食神	丙	丁	戊	己	庚	辛	壬	癸	甲	乙
상관傷官	丁	丙	己	戊	辛	庚	癸	壬	乙	甲
편재偏財	戊	己	庚	辛	壬	癸	甲	乙	丙	丁
정재正財	己	戊	辛	庚	癸	壬	乙	甲	丁	丙
편관偏官	庚	辛	壬	癸	甲	乙	丙	丁	戊	己
정관正官	辛	庚	癸	壬	乙	甲	丁	丙	己	戊
편인偏印	壬	癸	甲	乙	丙	丁	戊	己	庚	辛
정인正印	癸	壬	乙	甲	丁	丙	己	戊	辛	庚

4. 천간 육친중심명운 조견표

오행 \ 이름 \ 년간		甲(+)	乙(-)	丙(+)	丁(-)	戊(+)	己(-)	庚(+)	辛(-)	壬(+)	癸(-)
甲木(+)	ㄱ, ㅋ	1	2	3	4	5	6	7	8	9	0
乙木(-)		2	1	4	3	6	5	8	7	0	9
丙火(+)	ㄴ, ㄷ ㄹ, ㅌ	9	0	1	2	3	4	5	6	7	8
丁火(-)		0	9	2	1	4	3	6	5	8	7
戊土(+)	ㅇ, ㅎ	7	8	9	0	1	2	3	4	5	6
己土(-)		7	8	0	9	2	1	4	3	6	5
庚金(+)	ㅅ ㅈ, ㅊ	5	6	7	8	9	0	1	2	3	4
辛金(-)		6	5	8	7	0	9	2	1	4	3
壬水(+)	ㅁ ㅂ, ㅍ	3	4	5	6	7	8	9	0	1	2
癸水(-)		4	3	6	5	8	7	0	9	2	1

5.지지 육친 조견표

오행 / 지지 / 육친	木		火		土		金		水	
	寅	卯	巳	午	辰 戌	丑 未	申	酉	亥	子
비견比肩	甲	乙	丙	丁	戊	己	庚	辛	壬	癸
겁재劫財	乙	甲	丁	丙	己	戊	辛	庚	癸	壬
식신食神	丙	丁	戊	己	庚	辛	壬	癸	甲	乙
상관傷官	丁	丙	己	戊	辛	庚	癸	壬	乙	甲
편재偏財	戊	己	庚	辛	壬	癸	甲	乙	丙	丁
정재正財	己	戊	辛	庚	癸	壬	乙	甲	丁	丙
편관偏官	庚	辛	壬	癸	甲	乙	丙	丁	戊	己
정관正官	辛	庚	癸	壬	乙	甲	丁	丙	己	戊
편인偏印	壬	癸	甲	乙	丙	丁	戊	己	庚	辛
정인正印	癸	壬	乙	甲	丁	丙	己	戊	辛	庚

6. 지지 육친중심명운 조견표

천간	이름 \ 지지	子 (-)	丑 (-)	寅 (+)	卯 (-)	辰 (+)	巳 (+)	午 (-)	未 (-)	申 (+)	酉 (-)	戌 (+)	亥 (-)
甲木(+)	ㄱ, ㅋ	0	6	1	2	5	3	4	6	7	8	5	9
乙木(-)		9	5	2	1	6	4	3	5	8	7	6	0
丙火(+)	ㄴ, ㄷ ㄹ, ㅌ	8	4	9	0	3	1	2	4	5	6	3	7
丁火(-)		7	3	0	9	4	2	1	3	6	5	4	8
戊土(+)	ㅇ, ㅎ	6	2	7	8	1	9	0	2	3	4	1	5
己土(-)		5	1	8	7	2	0	9	1	4	3	2	6
庚金(+)	ㅅ ㅈ, ㅊ	4	0	5	6	9	7	8	0	1	2	9	3
辛金(-)		3	9	6	5	0	8	7	9	2	1	0	4
壬水(+)	ㅁ ㅂ, ㅍ	2	8	3	4	7	5	6	8	9	0	7	1
癸水(-)		1	7	4	3	8	6	5	7	0	9	8	2

7. 육친과 가족관계 조견표

비견 比肩	男	남녀형제, 친구, 동창생, 조카
	女	남녀형제, 친구, 동창생, 경쟁자
겁재 劫財	男	남녀형제, 며느리, 동업인, 거래인,
	女	남녀형제, 시아버지, 숙부, 고모
식신 食神	男	손자, 장모, 사위, 조모, 제자
	女	아들, 조모
상관 傷官	男	할머니, 손녀, 외조부, 장모
	女	딸, 할머니, 외조부
편재 偏財	男	아버지, 형수, 제수, 처형제, 외삼촌, 처남
	女	아버지, 시어머니, 외손녀, 외손자, 아들의 장모
정재 正財	男	처, 백부, 고모, 처형, 처제
	女	외손자, 백부, 고모, 숙부, 이모
편관 偏官	男	아들, 매부, 딸의 시아버지
	女	시형제, 증조부, 자부
정관 正官	男	딸, 조카, 증조모, 증조부 자식
	女	남편, 며느리, 증조모, 시동생, 자부
편인 偏印	男	이모, 외삼촌, 할아버지, 외손녀
	女	이모, 외삼촌, 할아버지, 손자, 사위
정인 正印	男	어머니, 외손자, 외손녀, 증손녀,장인
	女	어머니. 손녀, 조부, 손자, 이모

7장 육친 십대명운의 특성 및 통변

1. 비견(1)의 명운

(1) 비견(1) 명운의 작용

비견(1)은 일간日干과 동일한 오행으로서 음양이 같은 글자로 어깨를 나란히 한다는 뜻으로 가정적으로는 형제가 되고 사회적으로는 친구나 선후배가 되며 사업상으로는 동업자나 경쟁자 또는 동조자가 되는 것이다.

경제적으로 비견(1)은 형제로서 재물을 같이 분배하는 것이지만 외부로부터 적이 되는 관살(7.8)이 강하여 일간을 극剋하여 들어올 때는 같은 형제로서 일간을 보호하여 주는 길성吉星의 역할을 한다. 다시 말하면 재성(5,6)이 있으면 재물 때문에 싸움이 되지만 신약身弱한 경우에는 오히려 힘이 된다는 뜻이다.

원명原命에 비견(1)이 많으면 고생이 많고 형제지간이나 부부관계 등에 파란이 많고, 비견(1)이 많고 재성(5,6)이 허약하면 재물과 처궁妻宮에 액란厄亂이 있으며 형제나 친구 간에 불화하거나 불평과 불만이 많고 재물관계는 시비가 많이 따르고 분주하게 노력하나 소득이 적다.

여명女命에 비견(1)이 많으면 남편과 해로할 수가 없고 재성(5,6)이 많아 신약할 때에는 비견(1)의 도움을 받을 수 있으나 흉성凶星의 작용이 커서 소실小室을 겪게 되거나 재취再娶가 되는 경우가 많다.

(2) 비견(1) 명운의 특성

비견(1)은 독립심과 자존심이 강하고 자기의 주장만을 고집하고 타인의 간섭이나 지배를 받기 싫어할 뿐 아니라 남에게 지는 것을 싫어하며 운동이나 학업 등 일상생활에서 항상 앞서 가려는 욕망이 강하기 때문에 남의 의견을 듣지 않고 무엇이든 독불장군과 같은 옹고집이 있어 상대방으로부터 적으로 만들기 쉬운 특성을 가지고 있다.

독립정신과 개척정신이 강하여 매사를 자기 뜻대로 결정하기 때문에 융통성이 없고 자기만을 높이거나 대우하여 주기를 바라며 명예심에 대한 강한 욕심으로 매사를 남과 충돌하여 결국 남으로부터 소외당하고 손해를 보는 특성이 있다.

반면에 원명原命에 비견(1)이 왕성旺盛하게 구성되어 있는데 비견比肩(1)을 제어시켜 주는 관성官星(7,8)이 있거나 왕성한 비견(1)을 설기泄氣 시켜 주는 식상(3,4)이 있어 원명이 조화를 이루면 오히려 원만한 성격으로 변해 버린다.

즉 대인관계나 조직사회에서 협동정신과 희생정신이 강하고 항상 공명정대하게 공사公私를 분별하고 솔직담백하며 책임감이 강하지만 자기와 뜻이 다른 사람과는 냉철하게 절교를 하며 재물을 축재하기보다는 동정심과 의협심이 강하여 다 써버려야 직성이 풀린다. 따라서 사주원국四柱原局의 강약을 먼저 판단하고 극설剋泄을 잘 살펴야 한다.

(3) 비견(1) 명운의 통변

비견(1)은 편재(5)를 극상剋傷하고 편재(5)는 처성妻星에 해당하기도 하며 형제, 자매, 친우, 동창생 등을 뜻하며 때에 따라서는 경쟁자, 방해자, 독선자, 시기, 질투, 모략, 배신, 만용 등으로 응용되고 있다.

일반적으로 형제자매가 많으면 좋으나 명리학적으로는 흉성凶星으로 보는데, 그 이유는 비겁(1,2)은 편재(5)와 정재(6)를 극상剋傷하니 아버지를 일찍 여의게 되고, 인수印綬를 설기泄氣 하니 어머니를 여의게 되거나 다른 가정에 시집을 가게 되니 비견이 많으면 조실부모하게 된다. 그래서 고통과 쓰라린 비관 속에서 자라며 학업도 중단하게 되고 어려서 일찍 객지에 나와 눈칫밥 먹으면서 자수성가해야 된다.

또한 편재(5)는 첩이나 애인을 뜻하므로 비견(1)이 많으면 첩을 두거나 애인을 많이 거느리게 되니 자연 지출이 과다하여 재물이 모이지 않는다. 비견(1)이 많은데 식신(3)이나 상관(4)이 있으면 형제의 기氣를 설기泄氣하거나 재물을 만드는 기술을 생조生助하여 주니 식상생재격食傷生財格이라고 하여 길성吉星이 된다.

지지地支의 비견(1)은 "록祿"이라고 하는데 년지年支에 있으면

배록背祿, 월지月支에 있으면 건록建祿, 일지日支에 있으면 전록全祿, 시지時支에 있으면 귀록歸祿이라고 한다. 건록建祿은 득령得令 하여 왕기旺氣한 것을 말하니 일주에 영향력이 크기 때문에 원국原局에서 재성(5,6)과 관성(7,8)이 있거나 행운에서 재성(5,6)과 관성(7,8)이 오면 부귀공명하지 않을 수 없다.

(4) 비견(1) 명운의 직업

원국에서 비견(1)이 많으면 자유업, 운동 및 건강관련 업체, 공무원 등 봉급생활이 적합하다. 비견이 희신喜神이나 용신用神일 경우에는 동업을 하거나 공동업체의 분점이나 대리점 등이 좋으며 비견이 기신忌神일 경우에는 사업을 하지 않는 것이 좋다.

(5) 비견(1) 명운의 행운

만약 비견(1)이 길신吉神일 경우에는 행운行運에서 비견(1) 운이 오면 외허내실外虛內實을 추구하는데 꾸준하게 노력하고 새로운 것을 창조하며 친구 간이나 대인관계를 원만하게 처리하여 어려운 환경 속에서도 묵묵히 개척해 나가는 장점이 있다. 그러므로 형제나 친구의 도움이 많고 사업적으로 번창해지며 사회적인 직위나 명예가 올라간다.

만약 비견(1)이 기신忌神일 경우에는 일반적으로 독단적이고 자기주장이 너무 강하여 타인과의 타협을 하지 않는 고집불통으로 외로운 투쟁을 함으로써 친구나 형제 또는 동료들로부터 방해를 받거나 시기와 견제로 인하여 손재가 일어나고 부부 간에도 의견충돌이 많아 가정불화가 일어난다. 행운에서 비견(1)이 오면 형제, 친구, 동료 직원, 금전, 이성 간에 문제가 생기거나 사업상으로는 분쟁, 확장, 경쟁, 경영 등의 문제가 발생한다.

2. 겁재(2) 명운

(1) 겁재(2) 명운의 작용

겁재(2)는 일간과 동일한 오행으로 음양이 서로 다른 글자로서 이복형제, 경쟁자, 동창생, 동업인, 선후배, 직장 동료 등을 뜻하기도 하는데 비견(1)과 다른 점이 있다면 욕심이 많아서 독점하려는 경향이 강하여 모든 사람을 경쟁의 대상자로 생각하기 때문에 타인으로부터 고립되거나 소외당하기도 한다. 그러므로 사회적으로는 사기, 협박, 손재, 불화, 투쟁, 폭력, 배신, 부도, 차압 등에 관한 일이 발생하기도 한다.

(2) 겁재(2) 명운의 특성

겁재(2)는 비견(1)과 같이 자존심이 강하고 고집이 강하나 다른 점은 비견(1)이 외향적인 반면에 겁재(2)는 내향적이다. 그러므로 대인관계도 비교적 원만하고 자기주장을 너무 강하게 노출시키지도 않고 양보심도 강하게 보이기도 하지만 내부적으로는 집념이 강하여 자기 고집을 끝까지 관철시키려 하면서도 상대방을 무시하기도 한다.

특히 양일간陽日干이 지지에 겁재(2)가 있으면 양인羊刃이라고

하여 독선적이거나 권위적인 성격이 두드러지게 나타나므로 주관이 뚜렷하고 추진력이 있어 사회적으로 명성을 날리기도 한다.

겁재(2)는 옹고집이요, 노력가의 타입이라 공동사업에는 어울리지 않으며 인간관계에서는 고분고분하지 않아 대인관계가 원만하지 못하여 자기 외에는 모두 적이라고 생각하기 때문에 자기주장이 인정되지 않을 때에는 난폭한 행동을 하기도 한다.

남명男命은 여성을 무시하는 경향이 있어 겉으로는 친절한 것 같으나 내심으로는 항상 음흉한 마음을 가지고 있기 때문에 가정적으로는 폭언을 잘하여 부부생활에는 애로가 많다. 그런데 겁재(2)는 모두 불길한 것만은 아니다. 원국에 관살(7,8)이 왕성旺盛하였을 때 겁재(2)는 미인계를 이용하여 길성吉星으로 되는 경우가 있는데 가령 갑목일생甲木日生이 왕旺한 庚金으로부터 극제剋制를 당하고 있을 경우 乙木이 있으면 乙庚이 합合하여 합살위귀合殺爲貴 또는 매씨합살妹氏合殺이라고 하여 흉변위길凶變爲吉 하게 되는 경우가 있다. 결론적으로 신강하면 비견(1)을 기忌 하나 신약하면 오히려 비견(1)을 희喜하는데 식상설기食傷泄氣하거나 관살극일官殺剋日 또는 재성과다財星過多하면 더욱 비견(1)을 기뻐한다. 특히 종왕격從旺格의 곡직曲直, 염상炎上, 가색稼穡, 윤하격潤下格 모두가 비견을 기뻐하며 형제, 친구의 도움으로 성공할 수 있다.

(3) 겁재(2) 명운의 통변

겁재(2)는 정재(6)를 극상剋傷하고 처성妻星에 해당하기도 하고 형제, 자매, 친구, 동창생 등으로 호칭되기도 한다. 일반적으로 형제, 자매가 많으면 좋으나 명리학적으로는 형제, 자매가 많으면 흉성凶星 으로 보는데 그 이유는 재성(5,6)를 극상剋傷하기 때문이다.

겁재(2)가 많으면 처재妻財를 극상剋傷하니 처가 견딜 수 없고 결혼도 잘 되지 않고 만약 결혼을 하더라도 극처剋妻를 하거나 아니면 이복 자식을 두거나 외방에 자식을 두게 된다. 월지 또는 일지에 겁재(2)가 있으면 자존심이 강하여 타인을 무시하고 천시하여 일생동안 노고가 많고 재운財運도 빈약할 뿐만 아니라 승부욕과 투기심이 강하다.

겁재(2)가 중중重重 하면 부친과 조별하거나 부부가 생사이별하게 되어 재혼하는 경우가 많다. 만약 비견(1)과 겁재(2)가 중중하면 부모를 형극刑剋하거나 처운妻運을 손상시키고 재운財運의 손해가 많다. 특히 일주가 강하고 재성(5,6)이 약한데 원국에서 비견(1)이나 겁재(2)가 투출透出하면 극부剋父하거나 파재破財하게 된다.

일반적으로 양인격은 부친과 떨어져 멀리 타향에서 발전하는 것이 좋으며 처자와 떨어져 외지에서 자수성가하는 경우가 많다.

(4) 겁재(2) 명운의 직업

원국에서 겁재(2)가 많으면 자유업이나 기술직 또는 봉급생활이 적합하고, 원국에서 겁재(2)와 양인羊刃이 있고 식상(3)이 있으면 전문적인 기술을 가진 업종이 적합하다. 원국에 겁재(2)와 양인이 있고 관살(7,8)이 있으면 파괴성이 강한 업종이나 창조성이 강한 업종이 적합하고, 원국에서 겁재(2)가 희신이나 용신일 경우에는 합자나 투기업이 적합하다.

(5) 겁재(2) 명운의 행운

만약 겁재(2)가 길신吉神일 경우에 행운行運에서 겁재운劫財運이 오면 성격이 화끈해지고 말재주도 좋아지며 임기응변도 강하여 사교성이 뛰어나고 야심이 커진다. 그러므로 형제나 친구의 도움을 얻어 사업상으로 재물의 취득을 얻을 뿐만 아니라 사회적인 지위나 명예가 올라간다.

만약 겁재(2)가 흉신凶神일 경우에 행운에서 겁재운劫財運이 오면 남에게 지기를 싫어하는 본성이 있으므로 심리적 불안과 이중적 성격으로 처신하여 투기를 좋아하고 요행을 바라다가 매사 실패하므로 특별히 유의하여야 한다. 특히 행운에서 겁재운劫財運이 오면 형제, 친구, 동료 직원으로 인하여 손실, 파재, 관재송사, 부부 간 애로 등의 문제가 일어난다.

3. 식신(3) 명운

(1) 식신(3) 명운의 작용

식신(3)은 일간日干이 생조生助해 주는 오행으로 음양이 동일한 글자로 여명女命은 내가 생산하는 자식이 되며 의식주에 필요한 재물을 얻는 경제활동을 뜻하기도 한다. 사회적으로는 교육, 예술, 문화, 종교, 복지사업 등을 말하며 경제활동으로는 식품업, 제조업, 판매업, 의류업과 목장, 농장, 양어장 등 농축산업, 보건 및 의약계통의 연구사업, 의식주에 필요한 제조판매업 등을 나타내기도 한다.

식신(3)은 일간日干이 재성(5,6)을 생生해 주기 때문에 식신생재이라고 하는 것이며, 원국에 중화를 이루면 대부대귀大富大貴할 뿐만 아니라 미남미녀도 많고 성격도 원만하다.

식신(3)이 약하면 인성(9,0)에 극제剋制되어 산액産厄이 따르거나 자식 두기가 어렵고 왕旺하면 융통성이 없고 예의나 도리에 벗어나는 행동으로 과격하게 공격을 하며 한편 약자를 도와주는 인정과 의리도 있다. 식신(3)은 재성(5,6)을 생조生助하여 사업이나 상업적 수완이 뛰어나며 관성(7,8)을 제살制殺하여 실용적으로 용도를 변경하는 기능이 있으며 비겁(1)을 설기泄氣하여 새로운 지혜를 창출하는 예술적 재능을 가지고 있다.

(2) 식신(3) 명운의 특성

식신(3)은 다재다능하고 주도면밀하며 내성적이고 감수성이 예민하다. 그러나 대인관계에서는 마음이 풍부하고 낙천적이고 유머가 있으며 취미생활도 풍부하다. 식신(3)은 한편 온후하고 예의가 바르고 내향적으로 침묵하면서 어느 하나의 기술에 전념하여 그 깊이가 심오하고 순수하다고 할 수 있다.

예를 들면 음악, 미술, 체육, 무용 등에서 소질이 뛰어나고 미용, 헤어, 메이크업, 디자인 등의 방면에서도 성공하는 경우가 많다. 식신(3)은 제일의 수성壽星이며 복성福星인데 원국이 신왕身旺하고 식신(3)이 왕旺하면 의식이 풍부하며 건강하여 여유가 있어 수명이 비교적 길다.

(3) 식신(3) 명운의 통변

식신(3)은 편관(7)을 극상剋傷하니 편관(7)은 남명男命에서는 자식이고 여명女命에서는 남편에 해당한다. 식신(3)은 남명男命에서는 장모이며 여명女命은 자식으로 호칭되기도 한다.

일반적으로 식신(3)이 많으면 좋다고 생각하지만 명리학적으로는 장모나 자식이 많으면 흉성凶星으로 보는데 그 이유는 장모가 많다는 것은 식신(3)이 많아 설기泄氣가 너무 심하여 처가 되는 자기 딸을 도와주니 자신은 항상 기진맥진해지며 또한 남명에게는 자식인 관성(7,8)을 극상剋傷하니 자식에 애로가 있으며 자신은 용맹이 없어 추진력이 약하고 사업이 꺾이어 무능한 남자가 되기 때문이다.

남명男命에 식신(3)이 많으면 자식이나 직업을 극상하여 무위도식하거나 병고단명病苦短命한다. 여명女命에 식신(3)이 많으면 남편을 극상하니 남편과 생사이별하기 쉽고 자식을 위해 직업전선에서 평생 시달린다. 신약하고 식신(3)이 많으면 체약다병體弱多病하고 외화내허外華內虛하며 잔재주는 있으나 큰일을 처리해 나가는 데는 실패가 많다. 만약 식신(3)이 희신喜神이라면 온순하고 어질며 예술방면에 천부적 소질이 있고 현모양처로 후덕하여 남편 역시 크게 발전하게 된다.

(4) 식신(3) 명운의 직업

원국에 신왕하고 식신(3)이 왕旺하면 두뇌를 쓰는 연구원이나 예술방면에 소질이 있어 교수, 교원, 미술, 음악, 체육, 무용, 컴퓨터, 디자인, 학원경영 등에도 적합하다. 식신(3)이 있고 재성

(5,6)이 있으면 외교관, 의약품, 음식점 경영, 식품업, 제조업, 농축산업, 재무금융업에 적합하다.

원국에서 식신(3)과 관살(7,8)이 병행하고 있는데 관살(7,8)이 왕旺하면 식신제살격食神制殺格으로 변호사, 회계사, 의사, 기술계통에 종사하게 되고, 식신(3)이 왕旺 하여 제살태과격制殺太過格이 되면 공무원, 군인, 경찰, 경비 등 특수 직종에 종사하게 된다.

(5) 식신(3) 명운의 행운

만약 식신(3)이 길신吉神이면 총명, 온후, 겸손, 낙천적이며 감수성이 뛰어나 문학, 예술, 종교, 철학 등에 관심이 많아지며 사업상의 기획, 창조, 기술 등 지혜가 발달하게 되고 자녀의 출생 등 경사가 일어난다. 만약 식신(3)이 기신忌神일 경우에는 의타심이 강하고 실천력이 부족하여 사업상 실패가 많고 자식이나 부부간에 생사이별 등이 발생한다.

4. 상관(4)의 명운

(1) 상관(4) 명운 작용

상관(4)은 일간日干을 설기泄氣해 주는 오행으로 음양이 다른 글자를 상관(4)이라고 하는데 남명男命은 장모, 할머니, 외할아버지이며 여명女命에게는 자식에 해당한다.

상관(4)은 식신(3)과 비슷한 성질을 가지고 있으나 관성(7,8)을 상傷하게 하기 때문에 상관(4)이라고 하는데 예리한 관찰력, 추리력, 연구력, 예술적 소질과 기예技藝를 가지고 있으며 뛰어난 화술로 연설이나 강의를 뜻하기도 한다. 반면에 상관(4)이 흉신凶神으로 작용할 때에는 실권失權, 시비, 구설, 관재, 송사, 언행 무례함을 나타내기도 하며 또한 교육, 예술, 연구, 기획, 창작, 언론, 출판, 매스컴 등과 관련된 업종에 인연이 있다.

상관(4)이 원명에 많으면서 신왕하면 예술적인 소질이 많고 종교가로서 명성을 얻기도 한다. 그러나 원명이 약하면 허욕이 있고 인색하다. 상관(4)이 있고 인수(9,0)가 없으면 욕심이 많고 재성(5,6)이 없으면 재능은 있으나 빈천하고 특히 여명女命은 부부애로가 있다. 또한 관성(7,8)이 없으면 인품이 교만하고 여명女命은 정조관념이 강하나 상관(4)이 많으면 오히려 남편과 인연이 없다.

(2) 상관(4) 명운의 특성

상관(4)이 있으면 총명하고 추리력과 화술의 재능을 가지고 있으나 허영심이 있고 자기과시욕이 강하여 남의 일에 관여하기를 좋아한다. 동료 간에도 명령적인 말투로 직선적이고 남을 위하는 포용력과 배려가 부족하여 거만하게 보인다.

특히 승부욕이 강하여 수단방법을 가리지 않고 이겨야 하기 때문에 상대방에게 손해를 끼치게 하는 경우가 많다. 그러나 보수기질이 있어 한번 마음에 들거나 약한 자를 위해서는 끝까지 밀어주고 도와주는 희생정신과 동정심이 강한 면도 있다.

여명女命은 미모가 뛰어나고 두뇌가 명석하지만 상관(4)이 태과太過하면 고집이 강하여 자기 꾀에 자기가 넘어가는 경우가 있으며 남편 복이 없고 자식도 애로가 많다. 그러므로 상관(4)이 있으면 오만한 태도와 허영심을 버리고 주위환경과 조화에 노력한다면 자신의 재능을 한 단계 높여 두각을 나타낼 수 있는 잠재력을 가지고 있다.

(3) 상관(4) 명운의 통변

상관(4)은 정관(8)을 극상剋傷하는데 정관(8)은 남명男命에게는 자식이고 여명女命은 남편에 해당하기도 한다. 상관(4)이 많으면 관성(7,8)을 극상剋傷하니 자식이 없고 직업도 빈천할 뿐만 아니라 여명女命에게는 정관(8)인 남편을 극상하니 남편에게 애로가 있어서 부부해로 하기가 어렵다. 여명에 상관(4)이 있고 양인羊刃이 있으면 남편이 횡사하는 경우가 있으나 신왕하면 음악, 미술, 무용 등 예능계통에 소질이 있어 교육자가 많다.

일반적으로 여명女命에 상관(4)이 왕旺하면 남편을 무시할 뿐만 아니라 생리적 요구로 남편의 건강에 영향을 주며 욕망이 크고 허영심이 강하여 남편에게 정신적 타격을 주어 단명 하는 경우가 많다.

년주年柱에 상관(4)은 부모무덕, 생사이별하며 상관(4)이 중중하면 상신傷身하거나 자신이 단명 한다. 월주月柱에 상관(4)은 형제간이나 동기간에 우애가 없고 상관(4)이 중중하면 부부이별의 명命이며 형제지간에도 불행을 겪게 된다. 상관(4)과 겁재(2)가 중중하면 처자와 이별하거나 음란淫亂의 화禍를 입을 수도 있다.

(4) 상관(4) 명운의 직업

일지日支가 상관(4)이거나 천간에 투출透出하였다면 예능계통이나 기술성의 사업, 생산성 제조업 등에 적합하다. 신왕身旺하고 월지月支에 상관(4)이 있어 상관격傷官格이 되면 학문, 법관, 변호사, 학원 등에 관련된 직업에 종사한다.

상관이 있는데 재성(5,6)이 있으면 기예技藝나 출판업, 기술생산업에 종사하며 인수(9,0)가 있으면 귀명貴命이며 재성(5,6)과 인성(9,0)이 같이 있으면 고위직까지 진출한다. 일반적으로 예술인, 연예인, 운동선수, 기자, 교육 등 자유업에 종사하는 경우가 많다.

(5) 상관(4) 명운의 행운

만약 상관(4)이 길신吉神 이면 다재다능하고 총명하고 활동력이 있어 창의력을 발휘하거나 새로운 직업에 도전하게 된다. 여명女命은 애정문제의 진전이 있고 임신이 되거나 자식을 낳게 된다.

만약 상관(4)이 기신忌神 이면 자신을 과대평가하게 되고 규범을 어기게 되고 만용하게 되어 타인과 시비가 있어 관재가 생기고 불의의 재물로 인하여 송사를 겪는다.

5. 편재(5) 명운

(1) 편재(5) 명운의 작용

편재(5)는 일간日干이 극剋하는 오행으로 음양이 같은 글자를 뜻하는 것으로 조화를 이루지 못해 편재(5)라고 하는 것이다. 편재(5)는 남명男命에게는 아버지, 첩, 처의 형제를 나타내고, 여명

女命에게는 아버지와 시어머니를 의미한다.

정재(6)는 일반적으로 정당한 노력으로 얻어지는 재물이지만 편재(5)는 유동적인 재물로 안정적일 수가 없으므로 편법을 쓰거나 투기성인 기질이 있기 때문에 재물을 취득하는 과정에서 비난, 원성, 시기, 경쟁, 입찰, 사기, 협박 등 강제적이거나 불법이 따르게 되는 경우가 많다.

신왕身旺하고 편재(5)가 길신吉神이 되면 귀인의 도움으로 의외의 재물을 얻게 되고 화통하여 대인관계가 원만하여 사업, 무역업 등으로 대부 대귀한다. 그러나 신약身弱 하면 단명하거나 빈천하여 부부애로가 많다.

고서古書에 "출현편재 소애정처 다애첩出現偏財 少愛正妻 多愛妾"이라 하였는데 편재(5)가 왕한 사람은 정처보다 애첩에게 더 많은 정을 주게 된다. 그러므로 재물을 낭비하지 말고 재물을 지키는 데 더욱 정진해야 한다.

(2) 편재(5) 명운의 특성

편재(5)는 활동성이 왕성하고 경제적 수완도 뛰어나고 사업가의 기질이 강하여 한마디로 다욕다정多慾多情하여 재물과 애정문제가 동시에 작용을 하는 특성이 있다.

사교성과 외교술이 능수능란하지만 동정심과 풍류로 낭비가 심한 것이 단점이라고 할 수 있으나 친구나 동료 간에 의협심이 강하고 잘 어울리기도 하고 주위로부터 인기가 대단하다.

남명男命은 여성을 대단히 좋아하며 교제도 잘하며 무슨 일이든지 신속하게 처리하므로 취미도 많다. 여명女命은 친정 부모로 인하여 고생이 많을 뿐 아니라 시부모와도 갈등이 많은 것이 특징이다.

남명男命에 인수(9,0)와 재성(5,6)이 같이 있어 중화를 이루지 못하면 재인財印이 투전지상鬪戰之象으로 모처 간母妻間에 불화가 끊이지 않아 그 중간에서 난처하게 되는 경우가 많다.

일주가 왕旺하고 편재(5)도 왕旺하면 사업가로 크게 성공하게 되나 편재(5)가 중중하여 일주가 약하면 병약하고 빈천하다. 편재(5)가 있고 주중柱中에 비견(1)과 겁재(2)가 있으면 처와 인연이 없고 파산을 면할 길 없다.

(3) 편재(5) 명운의 통변

편재(5)는 편인(9)을 극상剋傷하는데 모친에 해당한다. 편재(5)는 부친으로 호칭하며 아버지가 많으면 흉신凶神으로 보는데 그 이유는 편인(9)인 어머니를 극상하여 일찍이 조별하거나 아버지가 재취再娶하여 서모 밑에서 자식들이 갖은 구박과 고통스러움을 겪으면서 자라는 환경이므로 흉신凶神으로 보는 것이다.

원명이 신왕하고 편재(5)가 왕성하면 복록福祿이 많고 정관(8)을 겸임兼臨하면 금상첨화이지만 비견(1)이나 겁재운劫財運이 오면 재성(5,6)이 상극相剋되어 조실부모하며 부부간에 애로가 많다. 형제간에 불화하며 성공에 장애가 많고 수명을 단축시킬 수 있다.

시상편재時上偏財에 신왕하고 비겁(1)이 없으면 대발하고 겁재(2)가 중중하면 가산을 탕진하거나 처첩운妻妾運이 박약하다.

여명女命에 편재(5)가 많으면 수단과 방법은 좋으나 도리어 빈천하고 시부모와의 갈등이 심하다. 여명에 신왕하고 편재(5)가 있으면 활동성이 있고 봉사정신이 투철하고 대인관계가 원만하여 대중의 인기를 끈다.

(4)편재(5) 명운의 직업

편재(5)는 유동재流動財이므로 신왕하고 정재(6)나 편재(5)가 있으면 무역업이나 상업, 금융업이 적합하다.

원명에 상관(4)과 편재(5)가 있으면 투기적이고 모험적이며 활동적이어서 역시 무역업, 제조업, 가공업이 좋으며 식신(3)과 정재(6)가 있으면 공무원, 총무직, 행정직 등이 적합하다. 원명에 편재(5)가 있고 역마살驛馬殺이나 지살地殺이 있으면 적극적이고 도전적인 사업으로 외교, 교통, 운수, 해운 및 유통업 등이 적합하다.

(5) 편재(5) 명운의 행운

편재(5)가 길신이면 활동적이고 결단력이 있으며 의협심과 경제적 수완이 뛰어나 사업이 번창하고 경제적 활동범위가 확장되며 이성 간에 교제가 활발해지고 결혼도 하게 된다. 편재(5)가 많아 기신忌神이 되면 관재시비가 많고 낭비가 많아 손재가 있게 되고 사업은 속성속패하며 의외의 사고로 인하여 이성 간의 고뇌가 많다.

6. 정재(6) 명운

(1) 정재(6) 명운의 작용

정재(6)는 일간日干이 극剋하는 오행으로 음양이 다른 글자를 뜻하는 것으로 조화를 이루어 길신吉神의 작용을 많이 한다. 정재(6)는 남명男命에게는 정처正妻, 아버지, 백부, 백모가 되고, 여명女命에게는 시어머니를 의미한다.

정재(6)는 성실하게 노력한 대가이자 공무원이나 직장인이 받는 보수로서 근검절약 정신이 배여 있을 뿐만 아니라, 정당한 취득을 뜻하므로 안정된 생활을 할 수 있다. 정재(6)가 용신이고 신왕재왕身旺財旺 하여 원국이 잘 조화되어 있다면 현처를 얻으며, 일주가 약하고 재성(5,6)이 왕성하면 재다신약財多身弱이 되어 재물이나 처궁妻宮에 심적 고충이 많으나 그 성격이 비교적 온화하고 처에 대하여 사회활동을 인정하는 개방형이다.

(2) 정재(6) 명운의 특성

정재(6)는 성실과 신용으로 대가를 취득하는 고정재固定財를 뜻하며 섬세하고 자상하며 빈틈이 없고 고지식하다. 또한 재물을 가치 있고 효과적으로 쓰며 가정적으로도 근검절약형이다.

정재(6)가 있으면 명예와 신용이 있고 복록福祿이 있으며 정의와 공론公論을 존중하고 시비를 분명히 하며 의협심도 강하다. 물질적인 면은 말할 것도 없고 의식주와 관련된 모든 사회활동이나 대인관계에도 지나치게 정직하므로 융통성이 없고 보수적이다.

직장과 가정을 천직으로 알고 약속을 잘 지키며 예의가 올바르고 검소한 생활로 낭비가 없고 허영심을 멀리하여 자기의 분수를 알고 알뜰하게 살아가는 형이다.

남의 재물을 부당하게 취득하거나 욕심을 내지 않으며 오로지 자기가 노력한 대가만을 바라며 투기성이 없고 근면 성실한 생활을 한다.

부모, 부부, 자식 등 육친관계六親關係 뿐만 아니라 사회적인 공익과 국가를 위하는 애국심도 강하다. 그러므로 부모에게 효도하고 자손에게 유산을 남겨주고 사회적으로 헌신하며 약속과 규범을 잘 지키며 허례허식 없이 근면, 절약, 저축을 생활신조로 하고 공사公私가 분명하다.

(3) 정재(6) 명운의 통변

정재(6)는 인수(9,0)를 극상剋傷하는데 인수(9,0)는 편재(5)와 같이 모친을 뜻한다. 정재(6)는 처와 재성(5,6)으로 호칭하는데 처와 재물이 많으면 흉신凶神으로 본다. 그 이유는 정재(6)가 많으면 인수(9,0)인 모친을 극상剋傷하니 일찍 생사이별 하는 이치와 같아 어릴 때부터 부모의 사랑 없이 배가 고프게 성장하고 빈곤하게 살아간다.

정재(6)는 인성(9,0)을 극상剋傷하기 때문에 인성(9,0)은 학문과 명예인데 정재(6)가 많아 학문과 명예의 뜻을 이루지 못하고 빈천하게 살아가는 형상이다. 년월에 정재(6) 외에 정관(8)이 있으면 부귀한 가정에서 태어나고, 일시日時에 정재(6)와 정관(8)이 있으면 처자식의 덕이 있으며 부귀한 명命으로 살아간다.

여명女命에 신왕하고 재성(5,6)과 관성(7,8)이 있으면 남편의 명성이 올라가고 귀부인으로 안락한 생활을 한다. 여명女命에 재성(5,6)이 있는데 관성(7,8)이 많으면 명암부집明暗夫集으로 부부애로가 있고 재가再嫁하는 경우가 많다.

정재(6)는 식신(3)과 같이 있으면 현처를 얻게 되고 처덕도 있다. 정재(6)가 지지地支에 있고 정관(8)이 천간天干에 동주同柱하고 있으면 고귀한 명命이다.

(4) 정재(6) 명운의 직업

정재(6)는 고정적이고 안정적이어서 경영형태도 내적으로 기복이 심하지 않는 업종으로 판매업, 교육문화사업, 대리점 등이 적합하다. 정재(6))가 있는데 역마驛馬나 지살地殺이 있으면 교통이나 운수업, 무역업, 해운항만업 등 유동적인 업종에도 적합하다.

(5) 정재(6) 명운의 행운

정재(6)가 길신吉神이면 총명하고 성실근면하며 절약성이 대단하여 낭비가 없고 신용이 있기 때문에 정재운正財運이 오면 사업이 점진적으로 확장되고 남녀 간의 이성교제도 활발하여 결혼을 하거나 분가하여 새로운 살림을 하게 된다. 정재(6)가 기신忌神이면 사업상 거래가 줄어들어 재산상의 손해가 많으며 속성속패하는 경우도 있으며, 가정적인 불화가 일어난다.

7. 편관(7) 명운

(1) 편관(7) 명운의 작용

편관(7)은 일간日干을 극剋하는 오행으로 음양이 같은 글자를 뜻하는 것으로, 편관(7)은 남명男命에게는 자식 또는 조부를 나타내고, 여명女命은 정부 또는 시형제媤兄弟를 의미한다.

편관(7)은 일명 칠살七殺이라고도 하는데, 이것은 천간天干이 일곱 번째에서 상충작용相沖作用을 하기 때문이며, 정관(8)과 상대적인 개념으로서 정관(8)은 합리적인 수단으로 작용하고, 편관(7)은 투쟁적인 수단으로 작용한다. 관성(7,8)은 명예를 중요시하므로 국가는 물론 남에게 봉사하고 헌신해야 하기 때문에 원국이 강왕強旺함을 기뻐한다. 정관(8)은 침착하고 온화하며 법도와 규정을 준수하고, 편관(7)은 과격하고 극단적이고 경쟁적인 면이 강하다.

원명에 편관(7)이 중화가 되어 있으면 부귀공명하고 자손에 길상吉祥이 있으며, 편관(7)이 중중하여 일간이 약하면 부모형제의 덕이 없고 고향을 떠나거나 어릴 때 질병으로 고생하여 빈천을 면하기 어렵고 자식 복이 없고, 여명女命은 남편 복이 없으며 사회활동을 해야 한다.

(2) 편관(7) 명운의 특성

편관(7)은 의리와 인정을 중요시하여 의협심이 대단하고 불의는 용납하지 못하며, 성격이 너무나 단순명료하여 복잡한 것을 싫어하고 타협이 빠르다. 그러므로 강자에게는 강하고 약자에게는 아주 약하며, 좋으면 좋다고 하고 싫으면 싫다고 하는 솔직담백한 기질이 있다. 특히 명분에 죽고 살며 욕심이 없으며, 재물과는 인연이 없기 때문에 명예에 손상이 되면 결사적인 반항과 거부가 강强하다.

편관(7)은 독선적이고 자존심이 강하여 남을 불신함으로써 자기자신이 직접 일을 처리하기 때문에 통솔력이 강하고 능숙하지만 때로는 권모술수가 뛰어나고 당돌한 행동을 할 때가 많다.

(3) 편관(7) 명운의 통변

정관(8)은 충고로써 나를 규제하는 것이라고 한다면, 편관(7)은 증오로써 나를 억제하는 것이라고 보는데, 정관(8)은 품행 단정한 성격으로 예를 들면 판사, 공무원, 행정관 등이 되고, 편관(7)은 권력, 투쟁, 완강한 성격으로 예를 들면 군인, 경찰, 검사 등에 해당한다.

그러므로 정관(8)이 관료적이라면 편관(7)은 패도적覇道的으로 권위의식과 의협심이 강하게 복합된 강압을 행사하면서 지나친 고집과 아집으로 모든 난관을 편법적으로라도 극복해 나아가는 특성이 있다. 편관(7)은 명예, 권위, 책임감을 지나치게 강조함으로써 손해를 보기 쉬우며, 타인을 강력하게 제압하려는 힘이 강하다.

일반적으로 영웅적이거나 보수적인 기질이 있어 이해득실을 가리지 않고 희생적으로 남을 도와주지만, 자신을 이용하거나 억압을 하면 공격적으로 변하므로 순간적인 두뇌도 비상하고 남을 꿰

뚫어보는 통찰력도 대단하다. 반면에 사소한 일에 관여하거나 상하급 관계에서 시비와 비난을 받는 행위가 많은 것은 자기 자신을 과신하는 오만 때문이다.

편관(7)이 만약 태과하면 식신(3)이 제살하거나 인성(9,0)의 전화轉化가 필요한데, 편관(7)이 제복되거나 전화가 되면 명예와 권위가 높다. 만약 신약하고 편관(7)이 왕성旺盛하면 비교적 과격하고 극단적이며, 고독하고 빈천하다. 신왕하고 관성(7,8)이 투간透干되어 있고 재성(5,6)의 생조生助가 있다면 더욱 왕성하여 부귀겸전한 명命이다. 편관(7)이 있고 양인梁刃이 있으면 박력이 있고 과격하면서도 결단력이 있어 만인의 존경을 받고 지도력 있는 인물이 된다.

여명女命의 신약에 왕살旺殺을 대기大忌하는데, 이것은 정관(8)을 남편으로 하고 편관(7)은 정부를 나타내기 때문이며, 인성(9,0)이 살인상생殺印相生으로 인화하거나 비겁(1)의 극제剋制가 없으면 의지가 약하고, 특히 여명女命은 관살혼잡官殺混雜으로 일부종사하기 어려우며 정조관념이 희박하여 직업전선에서 갖은 고생을 하는 경우가 많다.

(4) 편관(7) 명운의 직업

편관(7)은 일반적으로 권위 있는 직장이거나 남을 감시, 감독, 조사하는 업종이 적합하며, 사업가나 상업은 지나친 독선과 아집으로 무리한 경영을 하다가 실패하기 쉬우나 특이한 기술이나 특수직인 경우에는 성공할 수도 있다. 군인, 경찰 일반적으로, 검찰, 법관 외에 감사직, 정보직, 조사직 등이 적합하다.

(5) 편관(7) 명운의 행운

만약 편관(7)이 길신吉神일 경우에는 의협심이 강해지고 경쟁심과 결단력이 빠르기 때문에 진취적인 생각으로 사업이 번창해진다. 그러므로 명예, 승진, 창업, 권력투쟁이나 외부압력으로부터 경쟁하여 성과를 얻는다.

만약 편관(7)이 기신일 경우에는 관재송사나 시비구설이 많고 직장이나 동료 간에 모함이 많고 적대관계를 가져오기 때문에 보복심이 강하게 작용한다. 그러므로 의외의 재산이 낭비되고 형제간에 우애가 깨지고 교통사고가 발생하고 심지어 생명의 위험까지도 암시한다.

8. 정관(8) 명운

(1) 정관(8) 명운의 작용

정관(8)은 일간日干을 극剋하는 오행으로 음양이 다른 글자를 뜻하는 것으로 양일간陽日干이 음陰을 만나거나 음일간陰日干이 양陽을 만나는 경우를 말한다. 정관(8)은 남명男命에게는 조부, 질녀, 자식을 나타내고, 여명女命은 남편, 조모에 해당한다.

정관(8)은 순리대로 관리한다는 뜻으로 정의를 지키고 법규를 준수하는 모범 공무원과 같아서 정직, 복종, 책임, 질서, 윤리, 도덕, 신용을 의미하니 타인으로부터 신뢰와 존경을 받으며 품행이 단정함을 의미한다.

원국이 신왕하고 정관(8)이 왕성하면 관리의 재능이 뛰어나고 조직력과 통솔력이 탁월하며 반면에 신약하고, 정관(8)이 태왕하면 매사에 소심하고 추진력이 약하고 시비구설이 많다.

일반적으로 신왕하면 관官을 희喜하고 신약하면 관을 기忌하는데, 관성(7,8)을 기忌하면 비겁(1,2)으로 억제하여야 한다. 그러나 관성(7,8)이 태왕太旺하면 비겁(1,2)을 극제剋制하는 것이니 형제와 인연이 없고 고집이 강强하며 융통성이 없고 빈천한 생활을 하며, 여명女命은 결혼을 늦게 하는 것이 좋고 조혼은 불리하다.

(2) 정관(8) 명운의 특성

정관(8)은 정직하고 예의범절을 잘 지키며 명예를 소중히 여기며 매사에 공명정대하여 만인의 모범이 된다. 또한 형제간에 우애가 있고 부모에게 효도하며, 자녀에게는 자상하면서도 엄격하며, 친우 간에는 신의를 지키고 부하에게는 친절하며, 국가에는 충성한다.

정관(8)은 재물보다는 신용과 책임을 생명처럼 여겨 무책임한 행동이나 남에게 신세를 지지 않는 청렴결백한 성격의 소유자이기도 하기 때문에 타인으로부터 존경을 받게 되어 명망이 높다.

정관(8)은 공익성과 공명성과 도덕성이 강하여 매사에 합리적인 사고로 행동하고 처리함으로써 성인군자와 같은 본성을 가지고 있으나, 반면에 명예욕이 지나쳐 권력이나 사업상의 실세들에 편승하는 바람에 위선으로 보여 타인으로부터 시비구설을 당하기도 한다.

(3) 정관(8) 명운의 통변

정관(8)은 겁재(2)를 극상剋傷하니 겁재(2)는 형제, 자매, 처성에 해당한다. 정관(8)은 남명男命은 자식에 해당하고 여명女命은 남편으로 호칭하는데, 때에 따라서는 직업, 명예, 권위, 공익, 충성, 효도 등을 나타내기도 한다.

정관(8)의 성격은 관료주의적인 성품과 능력을 바탕으로 부정과 부패를 물리치고 정직한 생활 속에서 인품을 갖추어 타인으로부터 존경를 받으려는 기질이 있다. 정관(8)이 많으면 명리학적으로는 흉성凶星으로 보는데, 그 이유는 형제, 자매, 친구를 극剋하는 형상으로 형제, 자매, 친구가 없으니 외롭고 쓸쓸한 형상이다.

여명女命은 정관(8)이 남편을 의미하므로 남편의 덕이 있어 부부애정이 원만하여 현모양처의 자질을 가지고 있고 내조로 남편을 입신출세시킨다. 그러나 관성(7,8)이 많으면 남편이 많은 형상이라 남편의 통제를 많이 받을 뿐만 아니라 여러 남편의 시중을 들어야 하는 이치로 신체가 고달프고 질병이 떠날 날이 없다.

정관(8)이 희신喜神일 경우에 합거合去되면 강등되거나 파직 당하게 되는데, 만약 관살혼잡이 되어 있을 때 하나를 합거合去한다면 거관유살去官留殺이 되거나 거살유관去殺留官이 되어 오히려 기뻐한다.

원국에 관인상생官印相生이 되면 정직하고 헌신적이며 신의와 명예가 있고, 재관인財官印이 모두 갖추어져 있으면 삼귀격三貴格이라고 하여 성실하고 학문에 조예가 깊다.

신약인데 재성(5,6)과 관성(7,8)이 년월年月에 있다면 초년에 부모의 환경이 좋지 않아 고생하였으며 지혜가 늦게 열리고, 재성(5,6)과 관성(7,8)이 월일月日에 있으면 명예와 재물 복이 없고 시주時柱에 있으면 말년이 외롭다.

신약인데 고서에 관성(7,8)이 식상(3,4)을 보면 상관견관傷官見官이라 대파大破한다고 하여 흉성凶星으로 보고 있으나, 원명에 상관(4)에 비해 관성(7,8)이 태왕太旺하면 식신제살食神制殺이 되어 오히려 식상(3,4)이 길성吉星이 되고, 관성(7,8)에 비해 식상(3,4)이 태왕하면 제살태과制殺太過가 되어 관성(7,8)이 오히려 길성吉星이 되어 흉변위길凶變爲吉이 된다.

(4) 정관(8) 명운의 직업

편관(7)은 일반적으로 권위가 있는 직장이거나 타인을 감시, 감독, 조사하는 부서와 인연이 있으며, 특이한 임무를 과감하게 처리하는 특수직에 적합하지만, 정관(8)은 관료주의적인 성품과 합리적인 성격으로 국가공무원, 교육계, 회사 관리직이나 기획실, 총무, 인사 분야에 종사하게 된다.

(5) 정관(8) 명운의 행운

만약 정관(8)이 길신吉神일 경우에는 총명하고 인품이 고결하고 통제능력이 탁월하여 협조와 조화를 이루게 하기 때문에 직장에서 승진, 명예가 올라가고 시험에 합격하며, 여명女命은 혼인이나 연애상대가 생긴다.

만약 정관(8)이 기신忌神일 경우에는 책임감이 결여되거나 범법행위를 자행하기 때문에 관재송사, 시비구설, 명예훼손, 직위의 변동이나 파직 등이 발생한다.

9. 편인(9) 명운

(1) 편인(9) 명운의 작용

편인(9)은 일간日干을 생生하는 오행으로 음양이 같은 글자를 뜻하는 것으로, 양일간陽日干이 양陽을 만나거나 음일간陰日干이 음陰을 만나는 경우를 말한다.

편인(9)은 남명男命에게는 양모, 계모, 서모, 이모, 숙모, 조부 등을 나타내며, 여명女命은 남명男命과 같이 양모, 서모, 계모, 이모, 조부 외에 손자, 시조모에 해당한다.

편인(9)은 일명 효신梟神 또는 도식倒食이라고도 호칭하는데, 그 이유는 효신이란 올빼미를 나타내며 올빼미는 일반 새와 달리 주간에는 잠을 자고 야간에만 활동하기 때문에 불길不吉한 징조를 대표하는 흉조凶鳥에서 유래되었으며, 도식이란 밥그릇을 엎는 뜻으로 손재, 도난, 부도, 사기, 파직 등을 의미한다.

편인(9)은 일반적으로 임기응변이 능하고 예술 방면에 인기가 있어 야간활동에 천부적인 소질을 가지고 있으며, 평생을 통해 굴곡이 많기 때문에 좋은 기회가 있을 때마다 냉철한 판단과 인격수양으로 신중하게 대처하도록 노력해야 한다.

(2) 편인(9) 명운의 특성

편인(9)은 머리회전이 빠르고 기술적인 소질이 많으며, 신경이 예민하여 임기응변술이 특출하고 타인으로부터 인기가 대단하다. 편인(9)이 있으면 예측력이 있어 타인의 마음을 꿰뚫어 보는 능력이 있어 선천적으로 모든 분야에서 특수적 기예技藝의 보유자가 많이 나오기 때문에 성격도 역시 독특하다.

그러므로 조급하면서도 완고하여 한번 계획을 세우면 강력한 추진력이 타인보다 왕성하지만 어느 정도 달성되면 권태를 느껴 새로운 목표를 다시 세우기 때문에 유시무종有始無終하므로 결점이 될 수 있다.

(3) 편인(9) 명운의 통변

편인(9)은 식신(3)을 극상剋傷하는데, 식신(3)은 의식이요, 창고에 해당하며, 자식, 장모 등을 나타낸다. 편인(9)은 남명男命에게는 편모, 계모, 서모, 유모, 이모 등을 나타내고, 여명女命에게는 남명男命과 같이 편모, 계모, 서모, 유모, 이모 등을 나타내며, 예술, 예능, 기술, 언론, 체육, 정보, 종교 등을 나타내기도 한다.

편인(9)은 기예技藝에 재질才質과 취미가 특출하여 새로운 아이디어를 창안하는 데는 천부적인 소질이 있으나 싫증을 자주 내며, 임기응변이 능하나 지구력이 부족하다. 그러므로 고진감래苦盡甘來하면서 몇 번의 실패를 겪으면서 목적을 달성한다. 여명女命은 남편이나 자녀로 인한 고심이 많아 부부애로가 있거나 출산한 후에도 몸이 허약하기 쉬우며, 친가나 시가媤家로 인하여 고난이 따른다.

육친六親으로 볼 때 편인(9)이 원국에 중중하면 자기주장이 너무 강하고 허명허세虛名虛勢를 잘하며 부모 형제와 인연이 희박하다. 원국에 편인(9)이 중중하면 노고가 많으며, 부모무덕하고 단명하기 쉽다.

(4) 편인(9) 명운의 직업

편인(9)은 교육적인 심성이 강하므로 예술, 예능, 문학, 연예인, 언론인, 연구원, 종교, 철학, 의약 등 편업偏業에 적합하다.

(5) 편인(9) 명운의 행운

만약 편인(9)이 길신吉神일 경우에는 독창성이 뛰어나고 계획성도 우수하여 새로운 창업을 확장하거나 재물이 번창하게 되고 응시한 시험에 합격하기도 한다. 만약 편인(9)이 기신忌神일 경우에는 인내력과 지구력이 떨어지게 되고 타인과의 경쟁에서 밀려나거나 부도수표, 가옥차압 등 문서상의 재산이 크게 손해를 입게 된다.

10. 정인(0)의 명운

(1) 정인(0) 명운의 작용

정인(0)은 일간日干을 생生하는 오행으로 음양이 다른 글자를 뜻하는 것으로 양일간陽日干이 음陰을 만나거나 음일간陰日干이 양陽을 만나는 경우를 말한다.

정인(0)은 남명男命에게는 모친, 이모. 장인, 외손녀, 증손녀 등을 나타내며, 여명女命은 모친, 손녀, 증조부 등을 나타낸다.

정인(0)은 일명 인수印綬라고도 하는데, 인印은 진리眞理를 연구하는 학문, 교육, 수양에 해당되는 것이기 때문에 교육자를 대신하는 뜻으로 많이 활용한다. 그러므로 모친, 스승, 문서, 지혜, 근원, 시작 등에 해당 한다.

정인(0)의 작용은 비겁(1,2)을 생조生助하고 식상(3,4)을 극제剋制하며 관살(7,8)을 설기泄氣하는 기능이 있기 때문에 신약명身弱命에는 보약이 되어 품성이 총명하고 인자하며 담백해진다.

정인(0)이 희신喜神이 되면 학문을 중시하고 인정이 많으며 책임감이 있고 정신적 바탕이 되는 종교나 학문과 명예가 크게 발전하고 만인의 신망을 얻어 부귀공명을 얻는다.

(2) 정인(0) 명운의 특성

정인(0)은 지혜가 있고 총명하며 인정과 의리가 있을 뿐만 아니라 연구심이 강하고 온후하며 다정다감하다. 한편 보수적이면서 학문이 뛰어나고 종교와 도덕을 중요시하여 군자대인의 품격을 갖추고 있다. 정인(0)이 있으면 윗사람을 공경할 줄 알고 아랫사람을 돌봐주는 자비심도 강하고 재물보다는 문화재, 유물, 서화, 골동품, 고서 등에 관심이 높다.

정인(0)이 있으면 자존심이 강하고 자기 자신을 과시하기 때문에 조금이라도 무시를 당하면 두 번 다시 상대를 하지 않는다. 정인(0))이 있으면 국가 공무원이나 공공기관과 인연이 있고 부정과 비리를 배척하고 욕심을 자제하면서 정도와 자애심을 가지고 있으면서 교육자적인 품성으로써 대인관계를 원만하게 처리해 나아간다.

(3) 정인(0) 명운의 통변

정인(0)은 상관(4)을 극상剋傷하는데, 상관(4)은 조모, 외조부를 타나낸다. 정인(0)은 남명男命에게는 모친, 이모, 장인 등을 나타내고, 여명女命은 모친, 사위, 큰고모, 증조부 등을 타나낸다. 때에 따라서는 학자, 교육자, 언론인, 발명가, 창업자 등을 나타내기도 한다.

정인(0)이 왕성하고 재성(5,6)이 중중하면 모처母妻가 불화하고, 재성(5,6)이 약하면 부친이나 처궁이 허약하다. 정인(0)이 태과太過하거나 없어도 모친과 인연이 없고 자손 궁에 이상이 있다.

정인(0)이 재성(5,6), 관성(7,8)과 같이 있으면 명성을 떨치게 되고 여명女命은 남편과 자식 복이 있다. 여명女命에 정인(0)이 태왕太旺하면 남편과 인연이 없고 자식 덕이 없으며, 시부모와도 불화하게 되며, 신장이나 자궁에 질병이 있게 된다.

(4) 정인(0) 명운의 직업

정인(0)은 학문과 지혜가 있고 연구심이 강하고 매사에 정직하고 성실한 품성이기 때문에 교육자, 공무원, 예술인, 연구원 등이 적합하다.

(5) 정인(0) 명운의 행운

만약에 정인(0)이 길신吉神일 경우에는 지혜가 높고 심성이 더욱 고와져서 타인으로부터 존경과 신뢰를 얻게 될 뿐만 아니라 독창성과 계획성이 뛰어나 창업을 하거나 응시한 시험에 합격하게 된다. 만약에 정인(0)이 기신忌神일 경우에는 편인(9)의 경우와 같이 인내력과 지구력이 떨어지고 독립정신이 결핍되어 타인에게 의지하게 되며, 문서상의 손재를 보거나 시험이나 구직이 어렵고, 특히 여명女命은 자식 때문에 고통을 겪게 되거나 모친의 건강에 이상이 생긴다.

8장 명리 육친 십대명운 상극작용통변

1. 비겁(1,2), 재성(5,6)이 같이 있는 이름

乾 壬 子(癸:지장간, 정기) 1852

정재 ❻ 己	이 ⊖	己 ❺ 편재	
비견 ❶ 壬 편재 ❺ 戊	명 ⊕	무 ❷ 겁재 戊 ❻ 정재	
비견 ❶ 壬 편인 ❾ 甲	복 ⊕	壬 ❷ 겁재 甲 ⓿ 정인	

선천중심명운은 비견(1)과 편재(5)로 되어 서로 상극相剋되어 있다. 성姓에서도 정재(6)가 비견(1)과 상극相剋되고 끝 글자에서도 비견(1)이 편재(5)를 극剋하고 있다. 그러므로 편재(5)에 해당하는 부친이나 처궁과 인연이 없다는 것이다.

후천중심명운에서도 군겁쟁재群劫爭財로 배합되어 있으니 불길한 이름이다. 자기중심적이고 자존심이 강해서 자신의 입장을 강하게 주장하니 남과 화합하기가 어렵다. 더구나 편재(5)를 극제剋制하니 부부이별의 비애가 있다.

끝 글자의 비견(1)과 편인(9)이 같이 있으니 지혜와 사고력이 뛰어나고 인내와 저력 있는 통솔자의 품격으로 개척자의 기상이 왕성한 영웅 운이다. 풍상고락을 많이 겪으며 정상에 오르는 기운이 작용하지만 도리어 불행을 겪는 사람도 많다. 원명原名에 상극이 중중하니 일생동안 풍상고락이 많은 이름이다.

乾 己 丑(己:지장간,정기) 1949

겁재 ❷ 戊	우 ⊕	戊 ❷ 겁재	
편재 ❺ 乙	기 ⊖	乙 ❺ 편재	
겁재 ❷ 戊 상관 ❹ 丙	윤 ⊕	戊 ❷ 겁재 丙 ❹ 상관	

선천중심명운은 편재(5)로 되어 있다. 성姓에서도 겁재(2)가 편재(5)를 극剋하고 끝 글자에서도 겁재(2)가 편재(5)를 극剋하고 있다. 후천중심명운에서도 군겁쟁재群劫爭財로 배합되어 있으니 더욱 불길한 이름이다. 전명前名과 유사한 운명을 타고 났다. 겁재劫財가 중중하니 자기중심적이고 자존심이 강해서 자신의 입장을 강하게 주장하므로 남과 화합하기가 어렵다. 더구나 편재(5)를

극제剋制하니 부부이별의 비애가 있고 사업에 실패를 보거나 단명할 수 있다.

재겁(5,2)이 있으면 지략이 뛰어나지만 중도에 좌절되고 조난, 형액, 불구, 단명의 재앙이 속출하며 부부풍파가 항상 따른다. 한때 성공하여도 결과가 불길不吉하다. 재물이 많아지면 수명에 해를 입는 경우가 많다. 본명本名은 부인이 사업을 하여 재물을 많이 모을 때 교통사고로 48세에 수명을 다하였다.

坤 ＿＿＿＿＿＿ **癸 丑(己:지장간, 정기)** ＿＿＿ 1973

식신 ❸ 辛 편재 ❺ 己		**정** ㊀		辛 ❾ 편인 己 ❶ 비견
비견 ❶ 癸		**미** ㊀		癸 ❼ 편관
편재 ❺ 己		**애** ㊀		己 ❶ 비견

선천중심명운은 비견(1)이니 자존심이 강하고 의지력과 노력성이 대단하면서 고집이 강하다. 자기의 주관대로 살아감으로 남의 명령이나 지시를 싫어하므로 그 특성이 부부지간에도 작용하기 때문에 충돌이 잦아 이혼하거나 별거하는 경우가 많다.

이 명운에 해당하는 사람은 사업을 하게 되면 실패하는 경우가 많으니 직장생활을 하는 것이 좋다. 성姓과 끝 글자에서 편재(5)가 비견(1)을 상극相剋하므로 매사가 중도에 좌절되고 동분서주하지만 소득이 적고 지출이 많아 재물풍파가 속출한다. 부부이별의 비애가 있고 병고, 형액, 불구, 단명 등 불의의 재앙이 따르고 대수술을 하는 사람이 많다. 일시적 성공이 있더라도 부모에게 불길한 일이 생기거나 일평생 박복하다.

후천명운에서 비견(1)이 동화되어 편관(7)으로 되었으니 만난을 극복하고 자립대성하므로 선고후락先苦後樂의 배합이다. 그러나 군겁群劫이 중중하니 편관(7)으로 동화되는데 어려움이 많아 독신으로 살고 있다. 비견(1)이 중중하면 오히려 남편에 해당하는 편관(7)이 손상損傷되었기 때문이다.

2. 식상(3,4)과 관성(7,8)이 같이 있는 이름

乾 **壬 申(庚:지장간, 정기)** 1752

정재 ❻ 己	**이** ㊀	己 ❹ 상관
식신 ❸ 庚 편관 ❼ 丙	**산** ㊉	庚 ❶ 비견 丙 ❺ 편재

선천중심명운은 식신(3)과 편관(7)으로 되어 있고 후천중심명운에는 비견(1)과 편재(5)가 상극相剋으로 되어있다. 다행하게도 식신(3)이 성姓의 정재(6)와 식재(3,6)가 되어 상생相生하니 부귀공

명富貴功名이 따르고 일생이 안락하고 통솔의 위덕이 있고 도처에 권리가 많은 귀중한 배합이다.

그러나 중년 이후부터는 식신(3)과 편관(7)이 서로 상극相剋되어 독선적이고 고립적인 성격으로 변화하게 된다. 편관(7)은 자식을 뜻하므로 식신(3)이 극제剋制하니 자식 때문에 애로가 많게 된다. 후천명운에는 비견(1)이 편재(5)를 극제剋制하니 부부이별의 비애가 있거나 병고, 형액, 단명의 대흉大凶한 배합으로 성공에 장애가 생긴다.

정조는 자식이 귀했다. 청풍 김씨는 자식을 낳지 못하였고 의민 성씨의 소생인 문효 세자는 요절했다. 늦게 수빈 박씨에게서 순조를 낳았지만 헌종 대에서 정조의 대는 끊겼다. 이름을 "산"에서 "성"으로 바꿔 후손이 많기를 바라지만 꿈은 이뤄지지 않았다. 개명한 시기는 1776년(45세)부터 바꿔 불렀다. "성" 자는 오행적으로는 토생금(土生金)으로 상생이 되었으니 편관(7)과 편재(5)가 재생관(財生官)으로 자식이 번창할 뿐만 아니라 장수하였을 것이다. 개명한지 4년만에 수명을 다하였다.

坤 **丙 戌**(戌:지장간, 정기) 1946

상관 ❹ 乙	**곽** ㊀	乙 ❻ 정재	
상관 ❹ 乙		乙 ❻ 정재	
정관 ❽ 辛	**정** ㊀	辛 ⓿ 정인	
정인 ⓿ 己		己 ❷ 겁재	
정관 ❽ 辛	**수** ㊀	辛 ⓿ 정인	

선천중심명운은 정관(8)과 정인(0)이 상생相生되어 명예와 명성을 얻을 수 있으나 성姓에서 상관(4,4)이 중첩되어 정관(8)을 극제剋制하니 시비구설이나 재앙이 생긴다.

여자는 남편을 극제剋制하므로 생리사별生離死別하거나 자식에게도 불행한 일이 생긴다. 그러나 법관, 의사, 군인이나 경찰과 같이 생살권을 가진 사람은 도리어 대귀大貴하는 사람이 많다.

선천명운에서 정관(8)이 중중하니 결혼을 두 번 이상 하거나 일찍 하였다면 이별하는 이름이다. 또한 사회활동을 하는 것이 좋으며 풍파를 많이 겪는다. 본명本名은 20대 초반에 결혼하여 30대에 남편과 사별하였다.

후천중심명운에 인수(0)가 태왕하고 정재(6)와 정인(0)이 서로 극제剋制하니 부모무덕하고 학문을 계속할 수 없다.

坤 乙 巳(丙:지장간, 정기) 1965

편재 ❺ 辛	장	辛 ❽ 정관
편관 ❼ 己	⊖	己 ⓿ 정인
상관 ❹ 壬	명	壬 ❺ 편재
정관 ❽ 戊	⊕	戊 ❾ 편인
식신 ❸ 癸	미	癸 ❻ 정재
	⊖	

선천중심명운이 상관(4)과 정관(8)이 상극相剋되었고 성姓에서도 편관(7)이 상관(4)과 상극相剋되었으며 끝 글자에 식신(3)은 또 다시 중간명운의 정관(8)을 상극相剋하니 남편과 해로하기 어

렵고 자식과도 인연이 없다. 남편을 극剋하는 배합으로 병고, 파재, 구설시비 등의 비애가 있다.

후천중심명운에는 편인(9)과 편재(5), 정인(0)과 편재(5), 편인(9)과 정재(6)가 중첩되어 상극相剋하니 재물의 손상損傷이 수차례 있었고 남편의 사업을 지원했으나 성공하지 못하였다.

원명原名은 뛰어난 재능과 성실한 인품은 지도적 인물로 군림할 수 있으나 상극相剋이 중첩되어 중도에 좌절되는 흉凶한 배합으로 박복하고 자식에게 까지도 영향이 미친다. 중심명운의 상관(4)은 항상 성질을 조심해야 하는데 자신을 조정하는 관성(7,8)을 극제剋制하니 불길不吉한 기운이 더욱 심하게 작용하여 인덕을 쌓고 심신수양에 힘쓰면 안락한 생활을 할 수 있는 배합이다. 본명本名은 상관(4)의 특성을 살려서 대학병원의 영상분야에 종사하고 있다.

3. 재성(5,6)과 인성(9,6)이 같이 있는 이름

乾 丁 丑(己:지장간, 정기) 1392

편관 ❼ 辛 편인 ❾ 己	정 ㊀	辛 ❾ 편인 己 ❶ 비견
편재 ❺ 癸 편인 ❾ 己	몽 ㊉	癸 ❼ 편관 己 ❶ 비견
정관 ❽ 庚	주 ㊉	庚 ⓿ 정인

선천중심명운은 편재(5)와 편인(9)으로 재인(5,9)이 상극相剋되어 있는데 성姓에서 편인(9)이 편재(5)를 또다시 상극(相剋하니 명예에 손상을 당할 수 있다. 재관인(5,7,9)이 같이 있으면서 서로 상극相剋 작용을 하니 흉凶함이 더욱 강하다. 군경이나 판검사 등 생살권을 담당하는 경우는 제외된다.

역사적인 인물 중에서 죄를 지었을 때는 참수형이나 사약을 내려 사망하게 하는 경우가 많았으나 오늘날에는 교통의 지옥 속에서 살고 있기 때문에 불의의 사고를 뜻하고 납치, 감금, 낙상사 등 외부요인에 의해 형액을 당할 경우가 많은 배합이다. 일반적으로 편재(5)는 역마이고 편관(7)은 차량이나 흉기이며 편인(9)은 문서상의 불행을 의미하기 때문이다. 정몽주는 이성계와 같이 공양왕을 세우고 좌명공신佐命功臣의 호를 받았으나 이성계의 위력이 나날이 커져서 정도전, 이방원의 문객 조영규 에게 선죽교에서 피살되었다.

乾 壬 午(丁:지장간, 정기) 1762

상관 ❹ 辛	정 ㊀	辛 ❼ 편관
정재 ❻ 己		己 ❾ 편인
편재 ❺ 戊	약 ㊉	戊 ⓿ 정인
편인 ❾ 甲		甲 ❹ 상관
편재 ❺ 戊	용 ㊉	戊 ⓿ 정인
편재 ❺ 戊		戊 ⓿ 정인

선천중심명운이 편재(5)와 편인(9)으로 재인(5,9)이 상극相剋

되어 있는데 정몽주 선생의 중심명운과 같다. 끝 글자에서 편재(5)가 편인(9)을 극제剋制하니 문서상의 관재송사官災訟事, 형액, 부부이별의 비애가 있다.

중심명운에 편인(9)이 있으니 유년기에는 학문 궁이 들어 과거에 합격하였고 벼슬하기 전까지는 성리학 공부를 시작하여 28세부터 39세까지는 정조의 치세를 도왔고 40세 이후부터 57세까지는 유배지인 강진에서 오백 여권이 넘는 학술 업적을 남겼다. 57세에 유배지에서 풀려나와 75세 까지 고향집에서 마무리 짓지 못한 저서들을 수정하고 보완하였다.

후천중심명운에 인수(0)와 상관(4)이 있으니 부귀와 공명이 천하를 진동하며 지혜가 뛰어나고 만인이 우러러본다. 대인군자가 많이 나오는 배합이다.

乾 丁 亥(壬:지장간, 정기) 1947

정관 ❽ 庚 겁재 ❷ 丙	손 ⊕	庚 ❸ 식신 丙 ❼ 편관
편재 ❺ 癸 편인 ❾ 己	병 ⊖	癸 ❷ 비견 己 ❻ 정재
정인 ⓿ 戊	호 ⊕	戊 ❺ 편재

선천중심명운이 편재(5)와 편인(9)이다. 편제(5)는 활동적이고 왕성하고 항상 분주다사하므로 수입보다 지출이 많다. 의리가 있

고 담백하며 인정이 많아 주위의 사람이 따른다. 재산은 고정재가 아니고 유동재이므로 용이하게 재물을 모을 수 있지만 산재散財도 빠르기 때문에 속성속패하기 쉽다.

성姓에서 겁재(2)가 정관(8)으로 동화되어 편재(5)를 생조生助하니 초년에는 부모의 덕으로 대길하였다. 인성(9,0)이 편재(5)와 극제剋制하니 학문, 종교, 기술 분야에서 성공한다 하더라도 처궁이 산란하고 이별수가 있으며 자식으로도 근심이 많은 배합이다.

후천중심명운에서는 겁재(2)와 재성(5,6)이 극제剋制하니 매사에 실패가 반복되고 형제 덕이 없으며 조실부모하거나 부부이별수도 있다. 일시적 성공이더라도 재물풍파가 따르니 근검절약하여 말년을 대비하여야 안락하다. S대를 졸업하고 건설업체와 금융기관에서 재직하다 50대 초반에 퇴직하였고 부부애로가 있였다.

4. 관성(7,8)과 비겁(1,2)이 같이 있는 이름

坤 **乙 未**(己:지장간, 정기) 1955

편재 ❺ 辛		**장**		辛 ❾ 편인
편관 ❼ 己		㊀		己 ❶ 비견
정관 ❽ 戊		**혜** ㊉		戊 ❷ 겁재
겁재 ❷ 甲		**경**		甲 ❻ 정재
정관 ❽ 戊		㊉		戊 ❷ 겁재

선천중심명운은 정관(8)이니 용모가 단정하고 명예를 중히 여기며 어른을 존경하며 신용과 자비심이 많고 인품이 바르고 순박하다. 성姓과 끝 글자에도 관성(7,8)이 중중하니 관살혼잡官殺混雜이라고 하여 부부이별의 비애가 있다.

후천중심명운은 정재(6)인데 성姓과 끝 글자에서 비겁(1,2)이 극제하니 부모무덕하고 재물운도 미약하다. 관성(7,8)이 편중되어 있어 외모로는 강하나 마음이 약하고 매사에 장애가 많으며 재화災禍를 당하기 쉬운 배합이다. 재성(5,6)이 상조相助하면 부귀겸전하고 남편복도 대단하다. 그러나 본명本名은 남편과 40대에 이별하고 생활 전선에서 근검절약하며 살아가고 있다.

관성(7,8)이 비겁(1,2)과 같이 있을 때는 비겁(1,2)이 관성(7,8)으로 동화되어 남자는 자립 대성하여 만인을 통솔하는 귀격이지만 여자는 성패(成敗)가 다단하며 곤고困苦하게 살아야 한다.

乾 **戊 子(癸:지장간, 정기)** 1948

정재 ❻ 乙		**강** ㊀		乙 ❾ 편인
겁재 ❷ 己				己 ❺ 편재
편관 ❼ 壬		**명** ㊉		壬 ❷ 겁재
비견 ❶ 戊				戊 ❻ 정재
편관 ❺ 甲		**구** ㊉		甲 ⓿ 정인

선천중심명운이 편관(7)과 비견(1)이 같이 있으니 관성(7,8)은 비견(1,2)을 억제하여 통제하니 오히려 상극相剋이 아니라 대귀大

貴한 배합이다. 비겁(1,2)이 관성(7,8)으로 동화되어 만난을 극복하고 자립대성하며 만인을 통솔하는 귀격이다.

성姓에서 정재(6)와 겁재(2)가 상극相剋하니 형제간이나 부모와의 인연이 없다. 본명은 유복자遺腹子로 태어나서 홀어머니 슬하에 자라서 고위공직까지 승진하였으나 중심명운의 비견(1)과 끝 글자의 편재(5)가 상극相剋되어 丙寅 대운 壬辰년(65세)에 불록지객不祿之客이 되었다.

선천명운에서 관성(7,8)이 비겁(1,2)을 극제剋制하게 되면 재성(5,6)을 살릴 수 있다. 그러나 비겁(1,2)이 중첩되어 극제하면 재물이나 처로 인해 불행을 겪으며 일시적 성공이라도 시비구설이 따르는 배합이다. 후천중심명운에도 비겁(2)과 재성(5,6)이 상극相剋되어 있는데 성姓의 편재(5)가 겁재(2)와 상극相剋되고 중심명운의 정재(6)와 끝 글자의 인수(0)와도 상극相剋되니 상극이 중첩되어 단명한 이름이다.

坤 **乙 卯**(乙:지장간, 정기) 1975

정재 ❻ 庚 정관 ❽ 戊	**성** ⊕	庚 ❻ 정재 戊 ❽ 정관
겁재 ❷ 甲 정관 ❽ 戊	**경** ⊕	甲 ❷ 겁재 戊 ❽ 정관
정관 ❽ 戊	**희** ⊕	戊 ❽ 정관

선천중심명운은 겁재(2)와 정관(8)이 같이 있으니 손실이 이득이

되고 불손이 고매한 성격으로 변하는 대길한 배합으로 성공이 순조롭고 입신양명하는 재상격이다. 특히 여자는 순박하고 책임감과 도덕성이 강하며 부모나 형제간에 희생과 봉사로 인하여 결혼이 늦어지는 경향이 있다. 그러나 성姓이나 끝 글자에서 정관(8)을 상조相助하거나 후천명운에서도 동일한 명운이 있으면 그 작용은 더욱 강하게 작용하여 평생 독신으로 살아가는 경우가 많다.

관성(7,8)이 태왕太旺하면 식상(3,4)을 극제剋制하기 때문에 자식두기가 어려우며 자신을 통제하는 대상이 많으니 쓸데없는 걱정이 많아 신경과민으로 병고病苦하거나 파재破財하게 되는 배합이다.

본명本名은 관성(7,8)이 태왕하여 강한 기운이 작용하므로 명예를 중요시 하고 재물을 경시하며 사회활동 하는데도 인기가 대단하다. 그러나 형제 복이 없고 남에게 이용을 당하거나 결혼을 하면 부부간에 충돌이 잦으므로 이별수가 있는 배합이다.

5. 인성(9,0)과 식상(3,4)이 같이 있는 이름

乾 **丙 申**(**庚:지장간, 정기**) 1956

정인 ⓿ 己	**유** ⊖	己 ❹ 상관
상관 ❹ 乙 정인 ⓿ 己	**광** ⊖	乙 ❽ 정관 己 ❹ 상관
정관 ❽ 辛	**수** ⊖	辛 ❷ 겁재

선천중심 명운은 상관(4)과 정인(0)이다. 상관(4)의 특성은 감수성과 예지력, 창의성과 인내심이 풍부하기 때문에 학자, 예능인, 작가, 발명가, 기자, 출판업 등의 분야에서 두각을 나타내는 사람이 많다. 또한 건축, 전자, 원예, 사진, 고전, 매스컴, 신문, 잡지 등의 계통에서도 소질이 있다.

정인(0)의 특성은 지혜가 뛰어나고 총명하며 자비심이 있어 학문과 기술 분야에서 능력을 발휘한다. 성질이 온후하고 심성이 넓으며 포용력이 있고 자상하면서도 때로는 차갑고 냉정하지만 가족 친지에 대한 애정이 남보다 강하며 장남이나 장손의 역할을 하는 사람이 많다. 끝 글자에 정관(8)이 있어 책임감이 강하고 조직력과 리더십이 대단하므로 조직의 책임자가 될 뿐만 아니라 명예를 중히 여긴다.

후천명운에서도 정관(8)과 상관(4)이 상극相剋을하지만 특수한 학문 계통에서 대발한다. 본명本名은 대학에서 전자학을 가르치는 교수이다.

乾 **丙 戌**(戊:지장간, 정기) 1946

정인 ❿ 己	이 ㊀	己 ❷ 겁재
편인 ❾ 戊 편인 ❾ 戊	영 ㊉	戊 ❶ 비견 戊 ❶ 비견
식신 ❸ 甲	구 ㊉	甲 ❺ 편재

선천중심명운에 편인(9)이 중첩되어 있고 성姓에도 정인(0)이 있으니 식신(3)을 극제剋制하거나 간접적으로 재성(5,6)을 극제剋制하게 된다. 부친을 여의고 일찍 군에 들어와 병참 준위로 임관하여 보급부대에서 몇 차례의 물품관리 부실로 징계를 받았다.

후천명운에는 비겁(1,2)이 중첩되어 편재(5)를 극제剋制하니 부부이별 하였고 재혼하였다. 인수(9,0)가 태과太過하면 재성(5,6)을 극제剋制하여 단명 하는 경우가 많다. 많은 실패와 고통을 겪으면서 정상으로 오르는 배합으로 성공한 후에도 불의의 형액에 대비하여야 한다.

인성(9,0)이 중중하면 항상 위험이 따르고 난세의 영웅 운으로 다른 중심명운보다 힘들게 성공한다. 언론, 건축, 항공, 병참, 인쇄, 출판 등의 분야에서 성공하는 사람도 많다. 본명本名은 선천명운에서 인성(9,10)이 중중하고 후천명운에서 군겁쟁재群劫爭財가 되어 조실부모하고 부부이별하게 된 것이다.

坤 **丁 酉**(**辛:지장간, 정기**) 1957

정인 ⓿ 戊	**하** ⊕	戊 ❹ 상관
상관 ❹ 甲 정인 ⓿ 戊	**경** ⊕	甲 ❽ 정관 戊 ❹ 상관
정인 ⓿ 戊	**희** ⊕	戊 ❹ 상관

선천중심 명운에 상관(4)과 정인(0)으로 배합되어 있다. 상관(4)은 고독과 학문, 종교, 예술, 연구, 수재 등을 나타내며 다재다능하고 머리 회전이 빠르고 세심하며 날카로우며 감수성이 강하고 솔직하고 뛰어난 재능을 가지고 있다. 지략이 뛰어나고 자비심이 있으며 지모가 뛰어나서 오히려 오해와 불신을 사게 되므로 배신을 당하기도 한다. 감수성과 예지력이 뛰어나고 창의성과 인내심이 풍부하기 때문에 학자, 예술가, 종교, 철학, 중개사, 등에서 두각을 나타낸다.

정인(0)은 복록과 수명을 나타내며 건강과 장수를 뜻한다. 지혜가 뛰어나니 총명하고 인의를 지키며 자비심이 있고 학문 및 기예의 능력을 갖추고 있다. 가정적이고 전통을 지키며 보수적이고 고집이 강하고 최상의 긍지를 갖기 때문에 수재가 많고 학업 성적이 우수하다. 호사다마好事多魔가 있듯이 부모덕이 없고 자수성가하며 남편의 덕도 없고 이별수가 있다. 본성은 어질고 유덕하지만 부부풍파가 있고 사회활동은 적극적이다.

9장 작명에서 피하여야 할 육친명운

1. 비겁(1,2)이 중첩되는 이름

坤 **戊 戊** (戊:지장간, 정기) 1958

	이름	
정인 ⓪ 辛 겁재 ❷ 己	**장**⊕	辛 ⓪ 정인 己 ❷ 겁재
비견 ❶ 戊 비견 ❶ 戊	**영**⊕	戊 ❶ 비견 戊 ❶ 비견
비견 ❶ 戊	**희**⊕	戊 ❶ 비견

선천중심명운이 비겁(1,2)으로 배합되어 있으니 재물복財物福이 없고 항상 객지로 분주하며 직장생활은 대길大吉하지만 상사와 충돌이 잦다. 비겁(1,2)이 중첩되어 있으니 군겁쟁재群劫爭財로 부모와 인연이 없고 형제무덕이며 간접적으로 관성(7,8)을 극제剋制하니 남편 복도 없는 배합이다.

후천중심 명운에서도 비겁(1,2)이 중중되어 있으니 더욱 불행을 초래하는 배합이다. 비겁(1,2)이 왕旺하면 재성(5,6)을 극제剋制하므로 재복財福이 없고 욕심이 과다하여 대화大禍을 입게 된다. 간접적으로 비겁(1,2)이 식상(3,4)을 생조生助하니 종교나 철학에 종사하게 된다.

비겁(1,2)의 특성은 가정생활보다는 사회활동을 하게 되며 사회적으로 명예는 있으나 노력한 결과가 나오지 않으며 부부이별수가 있어 47세에 별거 하였고 59세에 불록지객不祿之客이 되었다.

坤 **戊 子**(癸:지장간, 정기) 1948

겁재 ❷ 己	**황**	己 ❺ 편관
겁재 ❷ 己	⊖	己 ❺ 편관
비견 ❶ 戊	**영**	戊 ❻ 정재
비견 ❶ 戊	⊕	戊 ❻ 정재
비견 ❶ 戊	**임**	戊 ❻ 정재
편관 ❼ 壬	⊕	壬 ❷ 겁재

선천중심명운은 비견(1)이 중중하여 비견(1)의 특성이 더욱 강하게 작용한다. 자기의 주장이 강하고 자존심이 강하며 왕성한 독립심이 있고 고집이 있다. 무슨 일이든지 자기 뜻대로 하고 싶어 하는 성품으로 직장생활은 오래가지 못한다.

비겁(1,2)이 왕성旺盛하면 재성(5,6)을 극제剋制하니 부모, 형제 무덕이며 간접적으로는 관성(7,8)을 극제剋制하니 부부이별수가 있다. 남자는 처궁이 산란하여 부부간의 마찰이 심하고 사업도 대흉하다. 여자는 사회활동을 하는 것이 좋으며 가정을 등한시하므로 불행을 초래한다.

수단이 없고 직선적이며 생활력은 강하나 주위 사람으로부터 배신을 당한다. 후처後妻로 가면 오히려 남편복男便福을 받을 수 있으나 성질을 죽이고 양보하며 인내력을 갖고 살아가면 편안하고 안락한 일생을 보내는 배합이다. 전 명조와 다른 것은 후천중심명운에 재성(5,6)이 중중하니 재물에 욕심이 많아 남편이 하던 사업을 이어 받아 운영하고 있다.

乾 ———— 戊 申(庚:지장간, 정기) 1968

겁재 ❷ 己	이 ㊀	己 ❹ 상관
겁재 ❷ 己 상관 ❹ 丁	원 ㊀	己 ❹ 상관 丁 ❻ 정재
비견 ❶ 戊	희 ㊉	戊 ❸ 식신

선천중심명운에 비겁(2)과 상관(4)으로 배합되어 있다. 비겁(2)은 사교적 수단이 뛰어나고 대인관계가 원만하며 외적으로는 부드러우나 내적으로는 강하다. 주위 사람들에게 화합과 협조심을 설득하여 정치적 능력을 인정받아 통솔력이 대단하다는 평을 듣는다. 비겁(1,2)은 식상(3,4)으로 동화되어 감수성이 예민하고 연구심도 강하며 지략이 뛰어난 두뇌의 소유자로 변화되었다.

종합하면 예지력, 창의성과 인내심이 풍부하기 때문에 학자, 예술가, 탐험가, 종교, 철학, 이·미용사, 디자인, 유행의 첨단을 달리는 직업 등에서 두각을 나타낸다.

선천명운에 비겁(1,2)이 중중하니 재성(5,6)을 극제剋制하게 되어 사업상 수단이 적으며 식상(3,4)을 생조生助 하니 종교나 철학 계통에 종사하게 된다.

후천중심 명운에 식상(3,4)이 태왕太旺 하니 관성(7,8)을 갑접적으로, 극제剋制하여 관재송사, 형액을 겪게 되는 배합이며, 조심성이 많고 까다로우며 괴팍하다. 또한 편협하고 타협을 모르는 외곬수 인생으로 병고, 단명, 형액 등 시비구설이 따른다. 본명本名은 목사로 재직하다가 심장마비로 46세에 불록지객不祿之客이 되었다.

2. 식상(3,4)이 중첩되는 이름

乾 **辛 酉(辛:지장간, 정기)** 1441

식신 ❸ 己	**이** ㊀	己 ❸ 식신
식신 ❸ 己 식신 ❸ 己	**홍** ㊀	己 ❸ 식신 己 ❸ 식신
식신 ❸ 己	**위** ㊀	己 ❸식신

선천중심명운이 식신(3)으로 원명原名 전체가 종아격從兒格이

되었다. 식신(3)이 중첩되어 있으면 외곬수의 성품으로 의심이 많고 고집이 강할 뿐만 아니라 담력이 약하고 폐쇄적이며 남의 말을 듣지 않는다. 일시적인 성공이라도 결국 고통과 좌절 속에서 타의든 자의든 비명횡사하거나 자살하는 경우도 있다.

식신(3)이 태왕太旺하여 관성(7,8)에 해당하는 자식이나 직위를 손상시키는 배합이다. 관성(7,8)은 관록을 뜻하기 때문에 배신을 당하기도 하고 부부간에 이별하거나 사별하기도 하며 자식을 두기가 어렵다.

식신(3)이 중첩되어 있으면 항상 고립되어 있고 독단적인 성격으로 일시적인 성공으로 영화가 있다고 하더라도 파멸과 비극을 초래하는 배합이다. 이조 6대 단종端宗은 13세에 왕위에 오르고 15세에 영월에 유배되어 17세에 수양대군에게 사약을 받고 세상을 떠났다.

乾 **辛 卯**(乙:지장간, 정기) 1951

상관 ❹ 戊 정재 ❻ 丙	윤⊕	戊 ❽ 정관 丙 ⓿ 정인
상관 ❹ 戊	희⊕	戊 ❽ 정관
식신 ❸ 己 편관 ❼ 乙	옥⊖	己 ❼ 편관 乙 ❶ 비견

선천중심명운은 상관(4)이고 이름의 성姓과 끝 글자에 식상(3,4)이 중첩되어 있으니 편관(7)이 극상剋傷되었다. 식상(3,4)이 왕성하니 예술이나 예능계통에 소질이 있다. 본명本名은 군인이면서도 어학에 뛰어난 소질을 가지고 있었다.

선천중심명운은 상관(4)이므로 관직이나 공무원 교육계통에서 기술직이나 특수 분야에 두각을 나타낸다. 후천중심명운은 관살(7,8)이 태왕太旺하여 명예를 상징하는 무관武官으로 입문하였으나 과유불급過猶不及으로 육군대령으로 전역하였다.

식상(3,4)이 중첩되면 관성(7,8)을 극제剋制하니 관재송官災訟事나 형액刑厄을 당하기도 한다. 끝 글자에서 식상(3,4)이 편관(7)을 극제하여 성공에 애로가 있다. 그러나 군경, 법률, 의약, 언론, 종교계통에서 대성하는 사람이 많다. 식상(3,4)이 중첩되면 항상 고립되고 독립적인 성격으로 일시적인 성공으로 영화가 있다고 하더라도 비극을 초래하는 배합이다.

坤 **己 酉(辛:지장간, 정기)** 1969

식신 ❸ 丁	**도** ㊀	丁 ❺ 편재
겁재 ❷ 戊 상관 ❹ 丙	**은** ㊉	戊 ❹ 상관 丙 ❻ 정재
겁재 ❷ 戊 정관 ❽ 壬	**임** ㊉	戊 ❹ 상관 壬 ⓿ 정인

선천중심명운이 겁재(2)와 상관(4)인데 이름의 성姓에서 식신(3)이 겁재(2)의 생조生助를 받고, 끝 글자의 겁재(2)가 상관(4)을 생조生助하니 식상(3,4)이 중첩되어 있다. 후천명운에도 상관(4)이 중첩되어 있어 불길한 배합이다. 선천중심명운에 겁재(2)가 있으니 사교성과 수단이 뛰어나고 야망과 욕심을 부리기고 한다.

인정이 많아 남을 위해 희생하지만 상관(4)으로 동화되었다. 식상(3,4)이 중첩되어 있으면 정관(8)을 상극相剋하게 되어 남편을 불행하게 하거나 평생 독신으로 살아가는 이름이다.

식상(3,4)이 중첩되어 있으면 자존심과 내주장이 강하고 인덕이 없고 담력이 부족하며 인내가 부족하므로 중간에 좌절하거나 포기하는 경우가 많다. 일시적인 성공으로 영화가 있다고 하더라도 파멸과 비극으로 끝나야 하는데 개명으로 인하여 성격을 변화시켜 주위로부터 존경과 신망을 얻고 있는 좋은 사례이다. 중국어 교사로 근무하고 있다.

3. 재성(5,6)이 중첩되는 이름

乾 **甲 戌**(戌:지장간, 정기) 1934

정재 ❻ 辛	**차** ㊀	辛 ⓿ 정인
정재 ❻ 辛	**지** ㊀	辛 ⓿ 정인
편재 ❺ 庚 편인 ❾ 丙	**철** ㊉	庚 ❾ 편인 丙 ❸ 식신

선천중심명운에 재성(5,6)이 태과太過하여 재다신약財多身弱이 되었으니 과욕過慾을 버릴 수가 없다. 아버지를 뜻하는 재성(5,6)이 많고 후천명운에는 어머니를 뜻하는 인수(9,0)가 많으니 과유

불급過猶不及으로 부모와 인연이 없는 배합이다.

재성(5,6)이 중중하면 객지에서 성공하지만 과욕으로 속성속패하여 패가망신敗家亡身하는 경우가 많다. 재인(5,9) 상극相剋하니 흉변위길凶變爲吉하고 선고후락先苦後樂하며 목적을 달성하고 대업을 완수하지만 항상 위험성이 따르고 신병은 조심하고 불의의 재액災厄을 대비하여야 한다.

원명原名에서 나를 통제하는 관성(7,8)이 없으니 천방지축으로 행동할 수밖에 없다. 1979년 己未년에 10. 26 사건으로 궁정동에서 김재규의 총탄에 쓰러졌다. 원명과 유년 운이 재인財印으로 상극相剋되어 불의의 사고가 발생하게 된 것이다. 대통령 경호실장 시절 청와대의 제2의 실력자로 군림하였고 중앙정보부장 김재규와 알력으로 주위로부터 지탄을 받았다.

坤 **戊 戌**(戊:지장간, 정기) 1958

편재 ❺ 甲 　**김** ⊕　 甲 ❺ 편재
편관 ❼ 壬 　　　 壬 ❼ 편관

정재 ❻ 乙 　**기** ⊖　 乙 ❻ 정재

겁재 ❷ 己 　**원** ⊖　 己 ❷ 겁재
상관 ❹ 丁 　　　 丁 ❹ 상관

선천중심명운은 정재(6)이다. 특성은 성실과 절약 대재다능하고 명예를 중히 여기며 복록과 부귀를 뜻한다. 상냥하고 조심성이 많지만 의협심도 강하고 의리를 지키며 남자의 경우는 처복이 많아

재운이 번창한다. 여자는 단순하고 이기적이고 고집이 세어 타협을 모르고 내성적이고 빈틈이 없어 신망을 얻지만 타산적이다.

초년은 재관(5,7)이 있으니 성공이 순조롭고 대업을 달성하여 학문, 의약, 군경, 법률 계통에서 성공한다. 중년 이후 재겁(6,2)이 들어오니 재물 복이 없게 되고 부부이별수가 있다.

정재(6)의 직업은 정치, 법률, 군경, 재계, 의약계, 교육계통에서 두각을 나타낸다. 본명本名은 재성(5,6)이 너무 많고 겁재(2)가 극剋 하니 파란이 중첩되고 부부간에도 격돌이 잦다. 끝 글자에 겁재(2)가 상관(4)으로 동화하니 교육, 예술, 등 특수 분야에서 대성하는 배합이다. 재물은 명예를 만들고 벼슬을 양성하는 근원이 되지마는 이기적인 과욕은 삼가야 한다.

坤 **甲 午(丁:지장간, 정기)** 1954

정재 ❻ 辛 정인 ⓿ 丁	**신** ㊀	辛 ❼ 편관 丁 ❶ 비견
정재 ❻ 辛 정관 ❽ 己	**정** ㊀	辛 ❼ 편관 己 ❾ 편인
정관 ❽ 己 정인 ⓿ 丁	**원** ㊀	己 ❾ 편인 丁 ❶ 비견

선천중심명운은 정재(6), 정관(8)이니 재생관財生官되어 귀격의 배합이다. 초년은 성姓의 정인(0)과 정재(6)가 상극相剋되니 부모와 인연이 없는 배합이다. 끝 글자에서 정재(6)가 정관(8)을 생조生助하니 관살官殺이 중첩되어 부부궁에 애로가 있다.

초년은 재인(6,0)이 상극相剋하니 풍상고락을 겪으며 정상에 오르는 선고후락으로 곤고하게 살아가는 형상이다. 중년으로 가면서 가정생활이나 직장생활이 모두 대길함으로 재복이 있고 주위의 도움이 많다. 그러나 선천명운이나 후천명운에서 관성(7,8)이 중첩되어 40대에 남편과 사별하였다.

후천명운은 평관(7) 편인(9)이 생조生助하니 조직생활을 하여야 하고 학문계통과 연관이 있는 직업에 종사한다. 선천명운에서 정관(8)이 중첩되고 후천명운에서 편관(7)이 중첩되어 명암부집明暗夫集이 되어 부부해로 하기 어려운 배합이다.

4. 관성(7,8)이 중첩되는 이름

乾 乙 未(己:지장간, 정기) 1955

편관 ❼ 己	이 ⊖	己 ❶ 비견
정관 ❽ 戊 정인 ⓿ 丙	은 ⊕	戊 ❷ 겁재 丙 ❹ 상관
정재 ❻ 庚 정관 ❽ 戊	상 ⊕	庚 ⓿ 정인 戊 ❷ 겁재

선천중심명운은 정관(8)과 정인(0)으로 배합되어 있다. 성姓에서 편관(7)과 혼잡 되는 관성(7,8)의 특성을 모두 가지고 있다.

권세와 의협심과 항쟁심이 강하고 성급하며 편협 되어 괴팍한 기질이 있다. 용모가 단정하고 품행방정하며 명예를 중히 여기고 신용을 지키며 자비심이 있고 인품이 바르고 순박하다. 직업은 정치, 외교, 법률, 의약 등에서 두각을 나타내는데 중심명운에 정인(0)이 있으니 학문을 바탕으로 성공하는 사람이 많다.

강유겸전 하고 지성적이며 전통과 가문을 중요시하며 보수적이고 고집이 강하며 최상인의 긍지를 가지고 있기 때문에 수재가 많고 학업성적이 우수하여 특출한 지도자가 많이 나온다.

끝 글자에 정재(6)가 중심명운의 정인(0)을 극제剋制하니 재물의 손재損財가 아니면 재물 복이 한결같지 않고 교통사고 등 형액으로 단명할 수 있는 배합이다. 후천명운에 비겹(1,2)이 많으니 자식인 관성(7,8)을 극제剋制 시킬 수 있다.

坤 **庚 子**(癸:지장간, 정기) 1960

편인 ❾ 壬	**박**	壬 ❷ 겁재
편관 ❼ 甲	⊕	甲 ⓿ 정인
편관 ❼ 甲	**경**	甲 ⓿ 정인
식신 ❸ 戊	⊕	戊 ❻ 정재
비견 ❶ 庚	**숙**	庚 ❹ 상관
편관 ❼ 甲	⊕	甲 ⓿ 정인

선천중심명운은 편관(7)과 식신(3)이 상극相剋되어 남편(7)과 자식(3)을 이별하는 배합이다. 관성(7,8)이 태왕太旺 하면 식상(3,4)이 손상損傷을 당하니 남편이나 자식으로 인하여 곤고하게

살아간다. 중심명운과 끝 글자에서 비식(1,3)이 있으니 자존심이 강하고 독단적이며 예능적 소질은 있으나 남편과 불화가 자주 생기고 관재송사와 구설수가 많은 배합이다.

초년은 관인(7,9)이니 명예를 중히 여기고 부지런하며 재주가 많아 주위로부터 신망이 높다. 중년은 관식(7,3)이 있어 사회활동을 하면서 부부풍파가 일어나고 이별수가 있다. 말년은 비견(1)이 편관(7)으로 동화되면서 만난을 극복하고 자립 대성하여 귀격이 되었다.

원명原名의 성姓에서 편관(7)이 남편인데 중심명운에서도 편관(7)이 있고 이름의 끝 글자에서도 편관(7)이 중첩되어 있으니 관살혼잡官殺混雜이라고 하여 부부가 생사이별을 하는 불길한 배합이다.

坤 **丙 申**(庚:지장간, 정기) 1956

편관 ❼ 庚	**최** ⊕	庚 ❶ 비견	
편관 ❼ 庚 비견 ❶ 丙	**순** ⊕	庚 ❶ 비견 丙 ❺ 편재	
정관 ❽ 辛 겁재 ❷ 丁	**실** ⊖	辛 ❷ 겁재 丁 ❻ 정재	

선천중심명운은 편관(7)과 비겁(1)으로 되어 있다. 편관(7)은 권세, 완강, 성급, 의협심, 흉폭, 편굴 등을 나타낸다. 자신의 권세나 주위의 권력으로 행패를 부리거나 과장하여 비난을 사는 경우가 많다. 한편으로는 의협심이 있고 의리를 중히 여기므로 군경, 법률, 의약 등의 생살권을 갖는 직업에 종사하는 사람이 많은

데 평범한 직업을 가질 경우에는 오히려 형액을 면치 못한다. 활동적이며 성급하며 화끈한 것을 좋아하기 때문에 순간적으로 화를 잘 내어 남과 잘 다투기도 한다.

비견(1)이 동조同助하니 만난을 극복하고 자립대성 하지만 남에게 이용을 당하여 풍파를 많이 내고 성패가 다단하다. 관살(7,8)이 태왕太旺하니 개가하거나 후처로 가는 경우가 많다.

선천중심명운에 편관(7)과 정관(8)이 중첩으로 혼잡 되어있으니 강력한 살기殺氣로 대장부의 기질이 있으나 재앙이 많고 심신이 피곤하고 고단하며 불길한 배합이다. 후천중심명운에 비겁(1,2)과 재성(5,6)이 상극되어 있으니 중도에 좌절하여 금전고통이 많고 불의의 재앙이 일어날 수 있으며 단명할 수 있다.

5. 인성(9,0)이 중첩되는 이름

坤 — 己 丑(己:지장간, 정기) 1949

정인 ⓿ 庚	**조** ⊕	庚 ⓿ 정인
정인 ⓿ 庚 정재 ❻ 甲	**숙** ⊕	庚 ⓿ 정인 甲 ❻ 정재
정인 ⓿ 庚	**자** ⊕	庚 ⓿ 정인

선천중심명운이 정인(0)과 정재(6)로 배합되어 있다. 정인(0)은

생각이 깊고 행동이 바르며 군자대인의 품격이다. 지혜가 뛰어나고 후덕하며 자비심이 있어 현모양처의 기질도 가지고 있다. 그러나 정재(6)가 극제剋制하니 인색하고 타산적이며 사욕을 앞세워 풍상고락을 많이 보내는 배합으로 재물 복이 한결같지 못하고 신병으로 고생하며 애로가 많다.

정인(0)은 어머니를 뜻하고 정재(6)는 아버지를 뜻하니 부모의 덕이 없으며 자식을 뜻하는 식상(3,4)를 극제剋制하니 자식으로 인한 근심이 많다. 직업으로는 군경, 운수, 종교, 철학, 인쇄, 요식업 계통에서 종사하는 사람이 많으며 단명, 병고, 불구, 형액의 위험이 따르고 주위로부터 불신으로 인하여 곤고하게 살아간다.

정인(0)이 태과하니 과유불급過猶不及으로 학문이 중단되고 재물을 탕진하며 생사의 고비를 자주 겪으며 인덕이 없고 남편 복이 없으며 사회 활동을 하면서도 고통과 풍파를 많이 겪으면서 부부해로 하지 못한다.

坤 ── **己 亥**(壬:지장간, 정기) ── 1959

정인 ⓿ 庚	**조** ⊕	庚 ❸식신
정인 ⓿ 庚 상관 ❹ 丙	**순** ⊕	庚 ❸ 식신 丙 ❼편관
정인 ⓿ 庚 겁재 ❷ 戊	**상** ⊕	庚 ❸ 식신 戊 ❺ 편재

선천중심명운이 정인(0)와 상관(4)으로 배합되어 있는데 성姓과

끝 글자에도 정인(0)이 중첩되어 흠이다. 부귀와 공명이 천하를 진동하고 지혜가 뛰어나고 대인군자의 배합이다.

여명女名이라도 사회활동 하는 것이 좋으며 정인(0)이 중중하면 평생 혼자 사는 것이 좋고 주위의 도움이 없으면 고독하다. 본성은 어질고 유덕하나 중심명운인 인수(0)가 어머니를 뜻하므로 후덕한 현모가 자식인 상관(4)을 감화시켜 대길하니 자식 복이 있다.

그러나 후천명운에 식신(3)이 중첩되어 편관(7)을 극제剋制하니 남편에게 불길한 배합이다. 평생 내주장으로 살며 고독하고 주위로부터 인덕이 없으며 부부이별 수가 있다. 성질을 조심하고 자존심을 죽이며 조화에 힘쓰면 일생이 평안하고 행복한 배합이다.

정인(0)이 중첩되면 최상의 긍지를 가지고 자수성가 하지만 인덕이 없고 남편 덕이 없으며 곤고하게 살아가는 배합이다.

乾 **丁 未(己:지장간, 정기)** 1967

	이름	
편인 ❾ 己	**이** ⊖	己 ❶ 비견
편인 ❾ 己	**유** ⊖	己 ❶ 비견
편관 ❼ 辛 편인 ❾ 己	**정** ⊖	辛 ❾ 편인 己 ❶ 비견

선천중심명운은 편인(9)이다. 편인의 특성은 근본적으로는 도량이 넓고 문장력도 뛰어나고 타인에게 친절하고 총명하며 임기응변의 재능이 있으며 가슴에 남이 알지 못하는 지략을 가지고 있다.

일생동안 재물은 성패가 다단하여 칠전팔기의 끈기와 인내로서 정상에 이르는 배합이다. 그러므로 외적으로는 부드러우나 내적으로는 강한 기운이 작용 한다. 직장에 나가서 얻은 수입은 부모 형제를 위하여 희생과 봉사로 쓰여지고 있어 장손역할을 하는 경우가 많다. 나의 일보다 남의 일은 더욱 잘 보아주며 솔직한 것을 좋아하고 성격이 급하기 때문에 시원하다는 말을 듣지만 비난도 받게 되어 남성으로부터 배반을 당하기도 한다. 직업은 문학, 예술, 예능, 이미용, 군경, 의약 계통에 종사하는 사람이 많다.

인성(9,0)이 많으면 재성(5,6)을 극제剋制 하여 부모형제의 덕이 없고 식상(3,4)을 극제剋制하니 자식 두기가 어렵다. 비겁(1,2)이 많으면 사회적으로 명성은 얻지만 재물 복이 없고 자기주장이 강하므로 부부간의 의견 충돌이 많은 배합이다.

6. 재관인(5,7,9)이 중첩된 이름

乾 **乙 卯(卯:지장간, 정기)** 1735

편관 ❼ 己		**이** ㊀		己 ❼ 편관
편재 ❺ 辛 편관 ❼ 己		**장** ㊀		辛 ❺ 편재 己 ❼ 편관
편관 ❼ 己 편인 ❾ 丁		**헌** ㊀		己 ❼ 편관 丁 ❾ 편인

선천중심명운이 편재(5)와 편관(7)으로 재생관財生官되어 부귀한 배합이지만 재관인(5,7,9)이 중복되어 있으면 불길한 배합이다.

편재(5)는 활동력이 왕성하고 항상 분주하고 의리를 지키며 풍류를 즐기며 유동재이므로 금전의 출입이 빈번하고 간혹 외첩外妾이나 여난女難을 당하기 쉬운 명운이다.

편관(7)은 의협심이 강하고 성급하며 권세욕이 강하고 활동적이고 화끈한 것을 좋아하니 화를 잘 내기도 하고 남과 다투기를 잘하며 부모형제 간에도 불화가 많은 배합이다.

편인(9)은 도량이 넓고 문장력이 뛰어나며 타인에게 친절하나 유시무종하기가 쉽다. 남의 지배를 받고 복종하는 것을 싫어하니 다른 사람의 명령이나 속박에도 철저하게 반대 하지만 내색하거나 표현하지 않아 고독한 마음의 소유자이기도 하다. 본명本名은 뒤주 속에서 28세에 죽은 사도세자의 이름이다.

乾 甲 申(庚:지장간, 정기) 1944

정재 ❻ 辛 정인 ⓿ 丁	신 ㊀	辛 ❷ 겁재 丁 ❻ 정재
편관 ❼ 戊 편인 ❾ 丙	현 ㊉	戊 ❸ 식신 丙 ❺ 편재
편재 ❺ 庚 비견 ❶ 甲	석 ㊉	庚 ❶비견 甲 ❼ 편관

선천중심명운은 편관(7)과 편인(9)의 배합이다. 편관(7)은 명예를 중히 여기고 활동적이며 성급하고 화끈한 것을 좋아하고 의리

가 있고 배짱이 있어 힘든 일도 꺼리지 않고 솔선수범한다.

편인(9)은 도량이 넓고 문장력이 뛰어나며 임기응변의 재능을 갖고 총명하다. 지혜가 뛰어나고 학문 및 예술, 예능에도 소질이 있다. 직업으로는 군경, 의약, 법률, 고전, 역사, 종교, 철학 분야에서 두각을 나타낸다.

끝 글자에서 편재(5)가 편인(9)를 극제剋制하니 흉변위길凶變爲吉하여 선고후락先苦後樂한다. 일생동안 재물의 성패가 다단하며 칠전팔기의 고통이 따르지만 인내와 끈기가 있어 고생 끝에 성공하는 사람이 많다. 또한 비견(1)이 편재(5)를 극제 하니 조실부모하며 성공에 장애가 많은 배합이다.

항상 위험이 따르고 성급하고 속성속패하므로 단명, 횡액, 조난, 불구, 형액, 교통사고 등을 조심하여야 한다. 본명本名은 군인의 직업으로 있다가 퇴직하고 관공서에서 비상기획관으로 근무하던 중 교통사고가 여러 번 있었다.

乾 **乙 丑(己:지장간, 정기)** 1985

편재 ❺ 辛 편인 ❾ 丁	**전** ⊖	辛 ❾ 편인 丁 ❸식신
편재 ❺ 辛 편관 ❼ 己	**정** ⊖	辛 ❾ 편인 己 ❶ 비견
편관 ❼ 己 편인 ❾ 丁	**운** ⊖	己 ❶ 비견 丁 ❸식신

선천중심명운에서 편재(5)와 편관(7)이 재생관財生官하여 귀격

으로 보인다.

성姓에서 재인(5,9)이 상극相剋되어 있는데 중심명운의 편재(5)와 또다시 재인(5,9)이 상극相剋되어 있으니 불길하다. 원명原名에서 편재(5), 편관(7), 편인(9)이 되었고, 후천명운에도 비견(1)이 식신(3)을 생조生助하여 식상(3,4)으로 동화同化되었으니 상대적으로 편인(9)과 상극相剋되었으므로 교통사고를 당하여 수명을 다한 불길한 배합이다.

끝 글자에서 관인(7,9)이 있으니 재주가 좋고 똑똑하지만 항상 위험이 따르고 부모의 속을 태우는 사람이 많고 승부욕이 강하여 남에게 지기를 싫어한다. 군경, 법관, 의약 등 생살권生殺權의 직업에 성공하는 사람이 많다. 그러나 교통사고의 위험이 있어 어린 시절에 사망한 이름이다.

후천명운에서 편인(9)과 비견(1)은 재성(5,6)을 극제剋制하게 되어 아버지와 함께 불의의 사고를 당하게 된 것이다.

10장 실전상담 사례 연구

1. 공무원계통에 종사하는 이름

乾 己 亥(壬:지장간, 정기) 1948

겁재 ❷ 戊	윤 ⊕	戊 ❺ 편재	
상관 ❹ 丙		丙 ❼ 편관	
겁재 ❷ 戊	영 ⊕	戊 ❺ 편재	
겁재 ❷ 戊		戊 ❺ 편재	
정인 ⓿ 庚	선 ⊕	庚 ❸ 식신	
상관 ❹ 丙		丙 ❼편관	

선천중심명운은 겁재(2)로 되어있다. 겁재(2)는 자기중심적 독단 성격을 가지고 있으며 사교적 수단도 뛰어나 대인관계가 원만하다. 이 중심명운은 주위 사람들에게 선망의 대상이 되며 뛰어난 교제술은 부하직원들에게는 존경을 받지만 상사들에게 눈에 거슬

리게 되니 자연적으로 직장생활에 싫증을 느껴 전직하는 경우가 많다.

성姓에서 상관(4)이 생조生助하니 머리회전이 빠르고 예측력도 있으며 다재다능하지만 섬세하고 분석력도 대단하다. 끝 글자의 정인(0)은 심성이 넓고 포용력이 있으며 지혜가 뛰어나고 총명하다.

후천명운에 편재(5)가 있으니 선량하고 의리가 있고 동분서주하며 활동력도 왕성하여 재물에 대한 이해타산도 대단하다. 편관(7)을 생조生助하니 관직에서도 대성할 수가 있다. 같은 특성의 배합은 야망이 크고 수단이 뛰어나므로 입신양명하는 대길하지만 지나친 과욕은 금물이다.

乾 **癸 未**(己:지장간, 정기) 1943

편인 ❾ 乙 편관 ❼ 丁	**권** ㊀	乙 ❺ 편재 丁 ❸ 식신
비견 ❶ 癸 편관 ❼ 丁	**문** ㊀	癸 ❼ 편관 丁 ❸ 식신
정재 ❻ 戊 정재 ❻ 戊	**용** ㊉	戊 ❷ 겁재 戊 ❷ 겁재

선천중심명운은 비견(1)이 편관(7)으로 동화同化 되었으니 편관의 작용이 더욱 강하게 작용한다. 편관(7)의 특성은 권세욕이 강하여 남에게 이기는 것을 좋아하고 지는 것을 수치로 알고 목적을 위해서 개방적이고 솔직하며 희노애락을 그대로 표현하는 인간적인 사람으로 호감을 갖게 한다. 활동적이고 성급하며 화끈한 것을

좋아하며 배짱이 있고 추진력이 있으며 어렵고 힘든 일도 무난하게 처리하는 능력이 있으므로 군경, 공무원, 법조인, 충신열사 등에서 두각을 나타내는 사람이 많다.

그러므로 만난을 극복하고 자립 대성하며 명석한 두뇌는 천하대세를 간파하고 만인을 통솔하는 귀격의 배합이다. 영웅 운으로 너무 교만하면 재화가 생기고 가까운 사람으로부터 시기와 질투로 배신을 당하니 주의해야 한다.

끝 글자에서 재성(6)이 생조生助하니 처복이나 재물 운이 좋으며 공명성대하는 대길한 배합이다. 본명本名은 경제기획원, 고속철도 건설공단, 구청장, 교수 등 다양한 분야에서 성공 발전한 이름이다.

乾 **癸 丑(己:지장간, 정기)** 1973

	성명	
정인 ⓿ 甲 겁재 ❷ 壬	**김** ⊕	甲 ❻ 정재 壬 ❽ 정관
정재 ❻ 戊	**의** ⊕	戊 ❷ 겁재
정관 ❽ 丙 정인 ⓿ 甲	**택** ⊕	丙 ❹ 상관 甲 ❻ 정재

선천중심명운은 정재(6)이다. 정재(6)의 특성은 성실근면하면서도 다재다능하며 총명하기 때문에 여러 분야에서 능력을 발휘한다. 보수적이고 도덕심도 강하고 명예를 중히 여기고 의협심이 강하고 정의와 공론을 존중한다.

성姓에 겁재(2)가 극제剋制하여 일찍 아버지를 여의고 편모슬하에 자랐으나, 끝 글자의 정관正官이 생조生助하니 기쁘다. 재관(6,8)은 성실하면서도 책임감이 있고 명예를 중히 여기므로 성공이 빠르고 공명을 사방에 떨친다. 끝 글자의 관인(8,0)이 있으니 도와줄 수 있는 사람이 사방에 있고 의기가 양양하니 중심을 집중시켜 대성공한다. 또한 지력을 겸비하고 처음에는 신고하나 마침내 공명영달하여 가문을 빛내고 유명후세하며 장수하는 배합이다.

2. 교육·학원경영계통에 종사하는 이름

乾 **庚 戊**(戊:지장간, 정기) BC551

	이름	
편관 ❼ 甲 식신 ❸ 戊	**콩** ⊕	甲 ❺ 편재 戊 ❶ 비견
비견 ❶ 庚	**치** ⊕	庚 ❾ 편인
식상 ❸ 戊	**우** ⊕	戊 ❶ 비견

선천중심명운은 비견(1)이라 의지력과 노력성이 대단하며 자존심이 강하고 고집이 있다. 재성(5,6)을 극제剋制하니 극처극부剋妻剋父하는 경향이 있고 사업보다는 직장생활이 무난하고 투기는 금물이다.

비겁(1)은 식신(3)을 생조生助하여 동화同化되기 때문에 교육이나 예술, 예능 계통에서 성공하는 사람이 많다. 성질은 주도면밀하면서 온순하고 내성적이며 도량이 넓고 어진인격을 갖추었다. 감수성과 예지력, 창의력, 인내심이 풍부하기 때문에 사상가, 발명가 등 특출한 인물이 나온다.

공자는 태어 난지 3년 만에 아버지 흘이 죽고 그 뒤에 어머니 징재가 죽었다. 중심명운의 비견(1)은 재성(5,6)을 극제하므로 아버지와 인연이 없는 것이며, 성姓에서 식신(3)이 편관(7)을 극제하니 관직에는 장애가 많은 배합이다. 그러므로 식상(3,4)의 특성을 따르는 교육자로 일생을 보낸 것이다.

乾 —— **甲 寅**(甲:지장간, 정기) —— 1914

비견 ❶ 甲 식신 ❸ 壬	**김** ⊕	甲 ❶ 비견 壬 ❸ 식신
편관 ❼ 戊 편인 ❾ 丙	**연** ⊕	戊 ❼ 편관 丙 ❾편인
정재 ❻ 辛 정인 ⓿ 丁	**준** ⊖	辛 ❻ 정재 丁 ⓿ 정인

선천중심명운은 편관(7)과 편인(9)이다. 편관(7)은 책임감이 강하고 신속하며 고집이 세어 타인을 제압하는 강렬한 기운이 작용하기 때문에 군경, 법조, 의약, 충신열사 등이 많이 배출된다.

활동적이며 성급하고 화끈한 것을 좋아하며 권세욕이 강하여 남에게 이기는 것을 좋아하기 때문에 과격한 행동이 때로는 큰 화근을 일으킬 수 있는 배합이다.

편인(9)은 도량은 넓고 문장력이 뛰어나고 타인에게 친절하고 언변이 좋으며 총명하며 지식욕과 창의적 연구심과 독창성을 갖춘 아이디어가 풍부하다. 일생동안 재물의 성패가 다단하지만 칠전팔기의 인내와 끈질긴 집념으로 성공하는 사람이 많다. 끝 글자의 정재(6)가 인수(9,0)를 극제하니 선고후락先苦後樂하는 배합이다.

편관(7)과 편인(9)의 특성은 조실부모하고 부지런하여 자수성가하지만 항상 위험이 따르고 모험을 즐긴다. 무無에서 유有를 창조하는 개척정신이 대단하여 한양학원을 설립한 이사장이다.

戊 辰(戊:지장간, 정기)

乾 —————————— 1928

편인 ❾ 庚	**조** ⊕	庚 ❾ 편인
편인 ❾ 庚 상관 ❸ 丙	**순** ⊕	庚 ❾ 편인 丙 ❸ 식신

선천중심명운은 편인(9)과 식신(3)으로 되어 있다.

도량이 넓고 문장력이 뛰어나고 언변이 좋으며 총명하다. 내면적으로는 강한 에너지를 가지며 온화한 성품이지만 지식욕과 창의적 연구심이 강하고 아이디어가 충만하다. 그러므로 지혜가 뛰어나고 인의가 있고 자비심이 있으며 학문 및 연구 분석의 능력을 갖춘 배합이다.

생각이 깊고 행동이 바르며 다른 사람에게 유익하게 할 줄도 알기 때문에 군자대인의 인격을 갖추었다.

편인(9)과 식신(3)은 서로 상극相剋이지만 학문이나 교육계통에는 공통적으로 대성하는 배합이다.

중심명운의 식신(3)은 도량이 넓고 어진 인격을 갖추었으며 가재를 윤택하게하며 복록이 많다. 또한 화순하며 덕망이 있고 주도면밀하며 자존심이 강하고 생활력도 강하여 처妻 덕도 있고 장수하는 배합이다.

본명本名은 교육계, 행정계, 재정직 등 다양한 문야에서 두각을 나타내었다.

3. 군인, 경찰계통에 종사 하는 이름

乾 **辛 酉(辛:지장간, 정기)** 1921

	이름	
정인 ⓿ 壬 정재 ❻ 丙	**민** ⊕	壬 ⓿ 정인 丙 ❻ 정재
편관 ❼ 乙	**기** ⊖	乙 ❼ 편관
비견 ❶ 辛 편관 ❼ 乙	**식** ⊖	辛 ❶ 비견 乙 ❼ 편관

선천중심명운은 편관(7)이니 권세, 성급, 의협심을 나타내므로 활동적이고 성급하고 명예욕이 강하며 남에게 이기는 것을 좋아하고 지는 것을 수치로 안다.

책임감이 강하고 신속하게 일을 처리하며 고집이 세고 타인을 제압하는 강열한 기운이 작용하는 배합이다. 그러므로 군경, 법관, 의약, 충신열사 등이 많이 배출된다.

성姓에서 정재(6)가 생조生助하니 부모와 처덕이 있으며 부귀겸전한 귀격이다. 끝 글자의 비견(1)이 편관(7)으로 동화同化되어 만난을 극복하고 자립내성하며 명석한 두뇌는 천하대세를 간파하고 만인을 통솔하는 귀격의 배합이다. 명예를 중히 여기고 재물을 가벼이 여기며 강력한 살권으로 변하여 공명 대길한 기운이 작용한다. 육군대장과 참모총장을 역임했다.

선천명운과 후천명운에서 생살지권의 작용이 더욱 강하게 작용하는 것은 비관(1,7)이 중첩되어 있기 때문이다.

壬 戌(戌:지장간, 정기)

乾 —— 1922

정재 ❻ 己	한 ㊀	己 ❷ 겁재
정관 ❽ 丁		丁 ❹ 상관
상관 ❹ 辛	신 ㊀	辛 ⓿ 정인
정관 ❽ 丁		丁 ❹ 상관

선천중심명운은 정재(6)와 정관(8)으로 재생관財生官하여 부귀겸전한 배합이다. 보수적이고 성실하며 책임감이 강한 성격으로 성공이 빠르고 공명을 사회에 떨친다.

정관(8)이 태왕太旺하여 흉폭한 기운으로 강하게 편중 되는 것을 상관(4)이 억제하니 형벌, 형액 등 불의의 재액災厄을 막아서 흉변위길凶變爲吉한 배합으로 변한다.

매사에 순조롭게 성공발전하며 주위의 도움을 얻고 공명을 떨치며 가는 곳마다 득의양양하다. 직장생활은 무난하나 사업은 불길하며 끝 글자에 상관(4)과 정관(8)이 있으니 법률, 의약, 군경 등 특수 직종에서 성공하는 사람이 많은 배합이다. 후천중심명운에서도 상관(4)과 정인(0)이 있으니 부귀와 공명이 천하를 진동하며 지혜가 뛰어나고 장수행복하며 성공 득명하는 배합이다.

끝 글자에 인상(0,4)이 있으니 상극이지만 서로 돕고 통제하기 때문에 나날이 복록으로 발전하며 모든 사람으로부터 존경을 받으며 군자대인의 품격을 갖추어 부귀 쌍전 하는 최 길운이다.

乾 **癸 酉(辛:지장간, 정기)** 1933

정인 ⓿ 甲 겁재 ❷ 壬	**김** ⊕	甲 ❽ 정관 壬 ⓿ 정인
겁재 ❷ 壬 정인 ⓿ 甲	**복** ⊕	壬 ⓿ 정인 甲 ❽정관
정관 ❽ 丙 정재 ❻ 戊	**동** ⊕	丙 ❻ 정재 戊 ❹ 상관

선천중심명운은 겁재(2)와 정인(0)으로 배합되어 있다. 겁재(2)는 임기응변의 재능이 뛰어나고 대인관계가 원만하며 외유내강하여 겉으로는 부드러우나 속으로는 강하며 자기의 행동이나 사고방식을 고수하려는 수비본능이 강하다. 집단이나 조직 속에서 그 힘을 발휘하여 정치적 능력을 인정받게 되고 화합과 협조로 통솔력

이 뛰어나기도 한다.

정인(0)은 복록과 수명을 나타내므로 건강과 장수하는 기운이 작용하고 있으며 지혜가 있고 총명하고 후덕하여 자비심이 있으니 학문과 예술, 의약, 종교, 법조 방면에서 성공하기도 한다.

중심명운의 정인(0)과 끝 글자의 정관(8)이 있으니 지덕을 겸비한 명운으로 마침내 공명영달하며 가문을 빛내는 유명후대한 배합이다. 종합하면 부귀가 따르고 공명이 진동하는 복수쌍전의 최 길운으로 가도가 번영하고 성공이 순조로우며 주위의 도움이 많고 존경을 받는다. 공명 영달하여 복록을 얻고 가문을 빛내고 유명후세 하여 권리가 많고 의기양양하다.

끝 글자에 재관(6,8)이 있으니 처복이 있고 일평생 무난하고 안락한 생활을 누린다.

4. 명리, 역학계통에 종사하는 이름

乾 **癸 巳(丙:지장간, 정기)** 건융18년

정재 ❻ 戊 겁재 ❷ 壬	**임** ⊕	戊 ❾ 편인 壬 ❺ 편재
상관 ❹ 庚 정관 ❽ 丙	**철** ⊕	庚 ❼ 편관 丙 ❶ 비견
식신 ❸ 辛	**초** ⊖	辛 ❽ 정관

선천중심명운은 상관(4)과 정관(8)으로 배합되어 있다. 상관(4)의 특성은 감수성이 예민하고 연구심이 강하며 속박을 싫어하며 예술, 예능. 문학, 종교, 철학 계통에서 두각을 나타낸다. 관성(8)을 극제剋制하니 관직이나 공무원 계통에 종사하더라도 오래가지 못한다. 그러나 감사직이나 특수직종에서는 꼼꼼하게 일 처리를 잘한다.

상관(4)의 뛰어난 재능과 성실한 인품은 지도적 인물이 되지만 정관(8)을 극제剋制하여 관직에는 인연이 없고 평생 명리학 연구에 몰두하였다.

후천명운에는 비견(1)이 동화同化된 편관(7)이니 명예를 존중하고 대외적인 명분을 중요시 하며 체계적인 관리 능력이 있어 유명후세 하기도 한다.

성姓에서 겁재(2)가 정재(6)를 극제剋制하니 부모무덕하고 형제복도 없고 종교나 철학에 일생을 바친 배합이다. "적천수천미"를 증주하였다.

乾 **庚 申**(庚:지장간, 정기) 1920

상관 ❹ 己		이 ㊀		己 ❹상관
비견 ❶ 庚		석 ㊉		庚 ❶ 비견
편관 ❼ 甲				甲 ❼ 편관
식신 ❸ 戊		영 ㊉		戊 ❸ 식신
식신 ❸ 戊				戊 ❸ 식신

선천중심명운은 비견(1)과 편관(7)이다. 비견(1)은 자기주장이 강하고 노력이 대단하며 자존심이 강하고 고집이 있다. 편관(7)은 명예를 중요시 하고 책임감이 강하여 활동적이고 신속하게 일을 처리하고 명쾌하다.

비견(1)이 편관(7)으로 동화同化되기 때문에 오히려 만난을 극복하고 자립대성하며 만인을 통솔하는 귀격이다. 성姓에서 상관(4)이 극제剋制하니 명예에 손상損傷이 되거나 불행한 일을 당하고 불의 재액이 생긴다. 그러나 법조, 의약, 군경, 언론 등의 분야에서 두각을 나타내는 등 특수 분야에서 성공하는 사람도 많다.

식상(3,4)이 중첩되어 있으면 괴팍하여 독단적이고 외곬수이므로 자기고집이 강하고 속을 노출시키지 않기 때문에 학문, 종교, 철학 등 특수 계통에서 성공하는 배합이다. 한국 역학계에서 박재완 선생과 쌍벽을 이루고 있고 『사주첩경』의 저자로 유명하다.

乾 **癸 卯**(乙:지장간, 정기) 1903

겁재 ❷ 壬		박 ⊕		壬 ❹상관
정인 ⓿ 甲				甲 ❷겁재
식신 ❸ 辛		재 ⊖		辛 ❺ 편재
편재 ❺ 己		완 ⊖		己 ❼ 편관
편관 ❼ 丁				丁 ❾ 편인

선천중심명운은 식신(3)이니 성격은 순박하고 덕망이 있고 의심도 많으니 돌다리도 두드려 보고 건너가듯이 매사에 주도면밀하여

자기의 약점을 노출시키지 않는다. 한편 도량이 넓고 어질며 명랑하고 복록이 많고 자존심이 지나치게 강하다.

직업은 법조, 의약, 종교, 철학, 언론, 예능계통에서 대성하며 건축, 원예, 사진, 디자인 등에서도 두각을 나타낸다.

성姓에서 정인(0)과 배합하니 지혜와 학문을 겸비하여 성공 발전하며 대지대업을 완수한다. 군자대인의 품격을 갖추어 주위의 존경을 받는다. 끝 글자의 편재(5)와 상조相助 하니 복록이 많고 유명후세有名後世한 배합이다.

한편 편재(5)가 편관(7)을 생조生助하니 부귀와 공명이 따르고 성공이 순조로우며 대업을 달성하고 주위의 도움이 많고 영적인 감각이 발달하여 선견지명이 뛰어났다. 그러므로 역학계에서 명성이 높고 주위의 신망이 두텁다. 『명리요결』의 저자로도 유명하다.

5. 문학, 창작계통에 종사하는 이름

乾 **戊 子**(癸:지장간, 정기) 1948

겁재 ❷ 己	**이** ㊀	己 ❺ 편재
정관 ❽ 癸 상관 ❹ 丁	**문** ㊀	癸 ❶ 비견 丁 ❼ 편관
비견 ❶ 戊 식신 ❸ 丙	**열** ㊉	戊 ❻ 정재 丙 ❽ 정관

선천중심명운은 초년에 『이 열』이라고 불렀기 때문에 비겁(2)과 식신(3)의 작용이 강하게 작용하였다. 비겁(1,2)의 특성은 재성(5,6)을 극제剋制하므로 부친과 인연이 없으며 복록이 없고 매사에 고통이 심하고 없어도 없는 체 하지 않은 성품이며 통이 크다.

후천적 중심 운에 재관(6,8)이 있으니 성실하고 책임감이 있으며 성공이 빠르고 공명을 사방에 떨친다. 매사가 순조롭고 성공발전의 배합으로 가정을 행복하게 하고 사회에서도 공명을 떨치니 득의양양 하다.

중간에 "문"자를 넣으므로 해서 관성(8,4)의 특성이 나타나기 시작한다. 뛰어난 재능과 성실한 인품으로 군림할 수 있으나 중도에 좌절되는 배합이지만 성姓에서 관겁(8,2)으로 변화되었고 상비(4,1)의 성격으로 전화위복이 된 배합이다.

"문"자의 후천명운은 비관(1,7)으로 만난을 극복하고 자립대성하며 명석한 두뇌는 만인을 통솔하는 귀격으로 변화되었다.

辛 巳(丙:지장간, 정기)

乾 1941

정관 ❽ 甲	김	甲 ❸ 식신
정인 ⓿ 壬	⊕	壬 ❺편재
상관 ❹ 戊	영	戊 ❾ 편인
상관 ❹ 戊	⊕	戊 ❾ 편인
상관 ❹ 戊	일	戊 ❾ 편인
정인 ❻ 丙	⊕	丙 ❶ 비견

선천중심명운은 상관(4)이 중중하다. 상관(4)은 마음이 착하고

금전전인 욕심이 없고 자존심이 남보다 강하다. 낭만적이고 감수성이 예민하고 연구심도 강하지만 반항심도 강하고 냉정, 쌀쌀하지만 마음은 따뜻하다. 머리의 회전이 빠르고 공상과 상상의 기운이 뛰어나고 섬세하며 날카로우며 솔직 담백하고 반면에 나를 억압하는 사람에게는 무섭게 대항한다.

중심명운에 상관(4)이 중첩되어 있어 편협하고 다른 사람과 타협을 모르며 외곬 인생으로 풍파가 다단하다. 반항과 망신의 기운이 작용하여 병고, 형액이 따르지만 문학, 예술, 종교, 운동, 의학, 언론, 방면에서는 성공하는 사람이 많다.

후천명운에서는 편인(9)이 중중하니 항상 위험이 따르고 많은 실패와 고통을 겪으면서 인내심으로 정상에 오르는 배합이다. 본명本名은 『김지하』 시인의 초명이다.

乾 **丙 戌**(戌:지장간, 정기) 1946

정인 ⓿ 己		이 ㊀		己 ❷ 겁재
정인 ⓿ 己		외 ㊀		己 ❷ 겁재
식신 ❸ 辛		수 ㊀		辛 ⓿ 정인

선천중심명운은 정인(0)이니 지혜가 뛰어나고 총명하며 자비심이 있어 학문 및 예술의 능력을 가지고 있다. 자존심이 강하고 최상의 긍지를 갖고 군자 및 대인의 품격을 갖추고 있다. 강유겸전하면서 사물에 대한 비평과 판단을 즐기며 이론적으로 합리화 시키려는 습성 때문에 이해타산이 분명하고 때로는 불만과 비난의

대상이 되기도 한다. 이것은 인수(0)가 중첩되기 때문이다.

후천명운에 겁재(2)가 중첩되어 있고 재성(5,6)이 없으니 사업이나 가정의 화목함에 힘써야 한다. 끝 글자에 정관(8)과 정인(0)이 있으니 다방면에서 명성을 얻고 있으나 한 가지 전공의 학문을 발휘하여 나가는 것이 좋다.

6. 법조계통에 종사하는 이름

乾 ——— 乙 亥(壬:지장간, 정기) ——— 1935

편관 ❼ 己	이 ㊀	己 ❻ 정재
편관 ❼ 己	회 ㊀	己 ❻ 정재
정재 ❻ 庚 정관 ❽ 戊	창 ㊉	庚 ❸ 식신 戊 ❺ 편재

선천중심명운이 편관(7)이니 법관, 군인, 경찰과 같은 생살권을 같는 직업과 유사한 직업에 종사한다. 권세욕이 강하고 책임감이 강하며 활동적이고 성급하여 고집이 세다. 끝 글자의 정재(6)가 생조生助하니 재생관財生官하여 부귀 겸전한 배합이다.

후천중심명운에서도 정재(6)이니 성실과 절약, 다재다능하고 총명하다. 온후하고 진실하기 때문에 조심성이 많고 깐깐한 성격을 가지고 있고 융통성이 없어 반감을 사기도 하고 원칙에 벗어나지도 않는다. 또한 의협심이 강하고 정의와 공론을 존중하며 시비를 분명히 가리는 식신(3)의 작용이 있다.

선천명운의 재관(6,8)과 후천명운의 식재(3,5)는 도량이 넓고 큰 인격을 갖추었고 복록이 많고 장수행복하며 성공이 빠르고 공명을 사방에 떨치는 배합이다. 관성(7,8)이 중중하면 호사다마好事多魔라고 하여 자식으로 인한 애로가 있는 것이 흠이다.

乾 **壬 午(丁:지장간, 정기)** 1942

비견 ❶ 壬	**박**	壬 ❻ 정재	
편인 ❾ 甲	⊕	甲 ❹ 상관	
식신 ❸ 庚	**철**	庚 ❽ 정관	
편관 ❼ 丙	⊕	丙 ❷ 겁재	
정재 ❻ 己	**언**	己 ❾ 편인	
정관 ❽ 丁	⊖	丁 ❶ 비견	

선천중심명운은 식신(3)과 편관(7)으로 배합되어 있다. 식신(3)은 도량이 넓고 어진인격을 갖추었으며 집안이 윤택하고 복록이 많다. 한편 자존심이 강하고 단순하면서도 완벽한 성격으로 법률, 예술, 예능, 건축, 디자인, 종교, 철학 등에서 두각을 나타낸다.

편관(7)은 활동적이며 명예를 중요시 하고 성급하고 화끈한 것을 좋아한다. 권세욕도 강하고 승부욕도 강하며 남에게 지기를 싫어한다. 그러나 식신(3)이 편관(7)을 극제剋制하므로 불의를 보지 못하고 고집이 강하여 남을 통제하고 제압하는 강력한 기운이 작용하기 때문에 영웅호걸이 많이 나오는 배합이다.

성姓의 편인(9)이 식신(3)을 통제하고, 끝 글자의 정재(6)가 편관(7)을 생조生助하니 부귀겸전하고 지덕을 갖춘 통솔자의 귀격이다. 후천중심명운에 겁재(2)가 동화同化하여 정관(8)을 도우니 손실이 이득이 되고 불손이 고매한 성격으로 변하는 대길한 배합으로 성공이 순조롭고 입신양명하며 부귀 발전하는 재상격이다. 끝 글자에 재관(6,8)이 있으니 매사에 순조롭게 성공 발전하며 사회에 공명을 떨치고 득의만양한 배합이다.

乾 **壬 午**(丁:지장간, 정기) 1942

상관 ❹ 辛		**장** ㊀		辛 ❼ 편관
정재 ❻ 己				己 ❾ 편인
식신 ❸ 庚		**진** ㊉		庚 ❽ 정관
편관 ❼ 丙				丙 ❷ 겁재
식신 ❸ 庚		**성** ㊉		庚 ❽ 정관
편재 ❺ 戊				戊 ⓿ 정인

선천중심명운은 식신(3)과 편관(7)으로 배합되어 있다. 식신(3)은 식록, 건강, 장수의 기운이 작용하고, 도량이 넓고 어진 인격을 갖추었으며 집안이 윤택하고 복록이 많으며 부귀를 누리는 특성이 있다.

편관(7)은 명예를 중요시하며 권세욕이 강하며 남에게 이기는 것을 좋아하기 때문에 목적을 위해서 과욕을 부리다가 시기나 모함을 당하는 경우가 많다. 과감성과 신속한 행동 그리고 개방적인 성격으로 정치, 법조, 의약, 무역, 정보, 작전, 전산, 통신 등의 분야에서 두각을 나타낸다.

성姓에서 정재(6)가 생조生助하고, 끝 글자에서 식재(3,5)가 있으니 일생이 안락하고 장수 행복한 배합이다. 후천명운에 관겁(8,2)이 있으니 만난萬難을 무릎 쓰고 자립 대성하며 명석한 두뇌는 만인을 통솔하는 귀격이다. 선천명운에서 식관(3,7)이 중복되어 있고 후천명운에서 관성(7,8)이 중복되어 있으니 특수한 직업에서 성공할 수 있었으나 과유불급過猶不及으로 최정상에 오르는 데에는 난관을 극복해야 한다. 본명本名은 46세에 지방검찰총장이 되었고 56세에 변호사 개업을 한 이름이다.

7. 사업계통에 종사하는 이름

乾 —— **庚 戌**(戌:지장간, 정기) 1910

상관 ❹ 己	**이** ⊖	己 ❷ 겁재
정인 ⓿ 癸 상관 ❹ 己	**병** ⊖	癸 ❽ 정관 己 ❷ 겁재
비견 ❶ 庚 편재 ❺ 丙	**철** ⊕	庚 ❾ 편인 丙 ❸ 식신

선천중심명운은 정인(0)과 상관(4)이다. 정인(0)은 지혜가 뛰어나고 총명하며 인의가 있고 자비심이 있으며 학문과 기술의 능력

을 의미하고 있다. 심성이 넓고 포용력이 있으며 자상하지만 한편으로는 차고 냉정하며 이해타산이 분명하다.

상관(4)은 두뇌가 명석하고 유행에 대하여 민감하고 섬세하고 날카로 우면서 다재다능하다. 인식(0,4)과 관비(8,2)는 서로 상극이지만 상관(4)이 정인(0)에 제화되고 비겁(2)이 정관(8)에 제화되었기 때문에 대길한 기운으로 변화되었기 때문에 대길한 배합이다.

후천중심명운은 정관(8)과 비겁(2)으로 배합되어 있으나, 비겁(2)이 동화同化되어 손실이 이득이 되고 불손이 고매한 성격으로 변하여 성공이 순조롭고 입신양명하여 고귀 발전하는 재상격의 배합이다.

종합하면 지덕을 겸비하고 인품이 뛰어난 대길한 배합이며, 부귀와 공명이 천하를 진동하며 지혜가 뛰어나고 만인이 우러러 본다. 또한 장수 행복하고 성공 득명하며 대길한 배합이다.

乾 **乙 卯**(乙:지장간, 정기) 1915

편재 ❺ 辛 편관 ❼ 己	**정**㊀	辛 ❺ 편재 己 ❼ 편관
정재 ❻ 庚	**주**㊉	庚 ❻ 정재
정관 ❽ 戊 정관 ❽ 戊	**영**㊉	戊 ❽ 정관 戊 ❽ 정관

선천중심명운과 후천중심 명운과 정재(6)로 동일하다. 정재(6)의 특성은 성실하고 다재다능하며 총명하기 때문에 여러 분야에서 능력을 발휘한다. 온후하고 진실하며 근검절약을 생활신조로 하기

때문에 까다로우면서 조심성이 많은 편이다. 또한 의협심이 강하고 정의를 존중하며 공사를 분명히 가리기 때문에 대인관계나 재물을 형성 과정에서도 원칙에 벗어나는 것을 싫어한다.

보수적이면서 성실하며 책임감 있는 성격으로 성공이 빠르고 공명을 사방에 떨친다. 그러므로 일평생 큰 풍상이 없으며 주위의 신망이 두텁고 부귀 겸전한 배합이다. 성姓과 끝 글자에서 재성(5,6)과 관성(7,8)이 생조生助하니 직장생활 뿐만 아니라 사업도 무난하게 성공 발전하며 공명을 이루어 만인의 존경을 받으며 처덕이 있다. 또한 끝 글자에서 정관(8)이 중첩되었으므로 부명富名은 얻었지만 귀명貴名에 욕심을 내면 도리어 곤고하게 된다.

乾 **丙 子(癸:지장간, 정기)** 1936

식신 ❸ 甲	**김** ⊕	甲 ⓿ 정인
편재 ❺ 壬		壬 ❷ 겁재
편인 ❾ 戊	**우** ⊕	戊 ❻ 정재
정관 ❽ 辛	**중** ⊖	辛 ❸ 식신
정인 ⓿ 己		己 ❺ 편재

"김우중"의 이름은 "기무중"으로 발음하게 되어 선천중심명운이 편인(9)에서 편재(5)로 변하였고, 성姓은 상관(4), 끝 글자는 관인(8,0)이다.

유년 시절에는 편인(9)의 특성이 작용하다가 성장하면서 편재(5)의 특성으로 변하게 된다. 편인(9)은 문장력이 뛰어나고 언변이 좋으며 머리가 총명하니 임기응변의 재능과 남이 알지 못하는 지략이 있고 창의성과 연구심이 대단하고 독창성을 갖춘 아이디어가 풍부하다. 그러나 성장하면서 재성(5,6)으로 특성이 변한다.

이 명운은 유동재이기 때문에 활동력이 왕성하고 항상 분주하며 대인관계가 원만하며 재물을 모으는데 귀재가 된다. 끝 글자에서 관인(8,0)이 생조生助하고 있으니 더욱 아름답다. 매사가 순조롭게 성공 발전하며 가는 곳마다 권리가 많고 의기양양하다. 주위에서 도와주는 사람이 많고 중심을 집중시키니 공명영달하고 유명후세하며 장수하는 배합이다.

후천명운에서 식재(3,6)가 있으니 명예와 권리가 많고 재물의 혜택이 많으며 성공이 빠르고 부귀하니 최상의 배합이다.

8. 예능·가수계통에 종사하는 이름

乾 辛 巳(丙:지장간, 정기) 1941

식신 ❸ 己		이㊀		己 ⓿ 정인
편인 ❾ 癸		미㊀		癸 ❻ 정재
겁재 ❷ 庚		자㊉		庚 ❼ 편관

선천중심명운은 편인(9)이다. 도량이 넓고 문장력과 창의력이 뛰어나며 총명하다. 고독하며 개척자의 정신이 강하며 내적으로

강한 에너지를 가지고 있으며 독창성과 아이디어가 풍부하다.

조실부모하고 배우자와의 애로가 있으며 일생동안 성패가 다단하며 칠전팔기로 말년에 성공한다. 남의 지배나 지시를 받기 싫어하기 때문에 학자, 예술가, 의사, 종교인, 발명가, 이·미용사, 디자인, 운동 계통에서 두각을 나타낸다.

성姓에서 식신(3)이 극제剋制하지만 예술, 예능 계통에는 오히려 도움을 주고 있다. 후천명운에 정인(0)과 정재(6)가 상극相剋하니 부모형제의 덕이 없으며, 끝 글자의 정관(8)의 생조生助를 얻으니 재복이 풍부하며 초년은 고생하지만 말년은 대길하다.

乾 **丙 戌**(**戌:지장간, 정기**) 1946

겁재 ❷ 丁		남 ㊀		丁 ❹ 상관
정재 ❻ 癸				癸 ❽ 정관
편관 ❼ 庚		진 ㊉		庚 ❾ 편인
비견 ❶ 丙				丙 ❸ 식신

선천중심명운은 정재(9)와 편관(7)으로 배합되어 있다. 정재(6)는 성실과 절약, 다재다능하고 총명하기 때문에 여러 분야에서 능력을 발휘한다. 보수적이고 도덕심이 강하며 고집이 강하기 때문에 깐깐하면서도 괴팍하다.

편관(7)은 권세욕이 강하고 의협심이 있으며 정의와 명분을 존중하며 시비를 분명하게 가린다. 성姓에서 재성(6)이 생조生助하니 부모와 처덕이 있고 쓸데없는 지출을 하지 않는다. 후천명운에서는 정관(8)이 편인(9)을 생조生助하여 식신(3)과 배합하니 명예를 중히 여기며 인식(9,3)이 상극相剋이더라도 학문, 예술 등 특수 분야에서 두각을 나타내는 경우가 많은 배합이다.

乾 **庚 寅**(甲:지장간, 정기) 1950

비견 ❶ 庚	조⊕	庚 ❺ 편재
식신 ❸ 戊	용⊕	戊 ❼ 편관
식신 ❸ 戊		戊 ❼ 편관
정인 ⓿ 癸	필⊖	癸 ❹ 상관
정재 ❻ 丁		丁 ⓿ 정인

선천중심명운이 식신(3)이 중중하니 상관(4)의 특성으로 더욱 강하게 작용한다. 식신(3)은 화순하고 덕망이 있으며 돌다리도 두드려보고 건너가듯이 매사에 주도면밀한 성품이다. 자존심이 지나치게 강하여 체면에 손상되는 것을 싫어하며 자기의 약점이 노출되는 것을 꺼린다.

식신(3)이 지나치면 낭만적이면서 감수성이 예민하고 연구심도 강하며 타인의 속박과 규칙에 얽매이는 것을 싫어하므로 고독한 생활을 즐긴다. 평소에는 냉정하고 쌀쌀하지마는 마음은 따뜻하고 인정이 있어 그냥 넘어가지 않으나 감정을 표현하지 않아 차가운 인간으로 본다.

후천명운에서 편관(7)이 편재(5)의 생조生助를 얻어 부귀공명富貴功名할 수 있으나, 끝 글자의 상관(4)이 극제剋制하니 관재송사, 시비구설, 부부이별의 애로가 있는 배합이다.

9. 예체능 · 운동계통에 종사하는 이름

乾 **癸 丑**(己:지장간, 정기) 1973

겁재 ❷ 壬		**박**⊕		壬 ❽ 정관
정인 ⓿ 甲				甲 ❻ 정재
상관 ❹ 庚		**찬**⊕		庚 ⓿ 정인
정관 ❽ 丙				丙 ❹ 상관
정재 ❻ 戊		**호**⊕		戊 ❷ 겁재

선천중심명운은 상관(4)과 정관(8)으로 상극相剋 관계의 배합이다. 상관(4)은 낭만적이면서 감수성이 예민하고 연구심도 강하여 타인의 속박을 싫어하고 고독한 생활을 즐긴다. 그러나 정관(8)이 있어서 높은 긍지를 가지고 책임감이 강하며 깔끔하고 결백하며 기억력이나 관찰력이 남보다 뛰어나다.

식상(3,4)과 관성(7,8)의 배합은 뛰어난 재능과 성실한 인물로 군림할 수가 있으나 명예 손상을 입혀 주는 상관(4)을 성(性)에서 정인(0)이 극제剋制하여 정관(8)을 살려주고 있다. 끝 글자의 정재(6)가 정관(8)을 생조生助하니 처복이 있고 명성과 재물을 함께 겸비한 배합이다.

후천명운에서 재인(6,0)이 상극相剋되어 학업이 중단 되었으나 인식(0,4)이 있어서 부귀와 공명이 천지를 진동하며 지혜가 뛰어나고 만인이 우러러보는 대인군자 형이다. 장수 행복하고 성공 득명하는 배합이다.

乾 **丁 巳(丙:지장간, 정기)** 1977

정재 ❻ 壬 상관 ❹ 甲	**박**⊕	壬 ❺ 편재 甲 ❸ 식신
정관 ❽ 庚	**세**⊕	庚 ❼ 편관
비견 ❶ 丁	**리**⊖	丁 ❷ 겁재

선천중심명운은 정관(8)이고 후천중심 명운은 편관(7)이다. 관성(7,8)의 특성은 활동적이고 성급하며 화끈하고 솔직하며 배짱이 있고 권세욕이 강하여 남에게 이기는 것을 좋아하고 지는 것을 수치로 아는 승부욕이 강하여 목표를 달성한다.

또한 책임감이 강하고 신속하고 고집이 강하여 타인을 제압하는 강렬한 기운이 작용하게 때문에 역사에 남을 특출한 인물이 나온다. 직업은 군경, 관리, 문장, 예술, 정치, 외교, 법률, 학자 등에서 두각을 나타낸다.

성性에서 상관(4)이 극제剋制하려고 하는데 재성(6)이 생조生助를 받아 다시 정관(8)을 생조生助하니 흉변위길凶變爲吉하였고, 끝 글자의 비견(1)은 정관(8)으로 동화 되었으니 인품이 고결하고 사회적으로 명성을 얻으며 만인의 존경을 받는 배합이다.

坤 庚 午(丁:지장간, 정기) 1990

편관 ❼ 甲		김(+)		甲 ❹ 상관
편인 ❾ 壬				壬 ❻ 정재
식신 ❸ 戊		연(+)		戊 ⓿ 정인
편재 ❺ 丙				丙 ❷ 겁재
식신 ❸ 戊		아(+)		戊 ⓿ 정인

선천중심명운은 식신(3), 편재(5)이다. 식신(3)은 도량이 넓고 어진 인격을 갖추고 집안이 윤택하고 신체가 건강하며 성실하다. 자존심이 강하고 창의성과 인내심도 강하므로 사람들의 취미와 인기와 관련된 건축, 디자인, 예술이나 예능 방면에서 대성하는 사람이 많다.

성姓에서 편인(9)이 극제剋制를 하지만 편인(9)도 내면적으로는 강한 에너지를 가지고 있으며 연구심과 독창성이 풍부하기 때문에 오히려 식신(3)의 특성을 보완시켜 준다.

식재(3,5)는 복록이 많고 장수행복하며 남편이 부귀하고 자손 중에서도 효자를 둔다. 후천명운에서 인비(0,2)가 있으니 공명이 진동하는 복수겸전하고 주위의 도움이 많고 소망을 달성하며 학문, 예술, 메스콤 등 분야에서 대성하는 경우가 많다. 자비심도 있고 장수 행복하며 일생 안락하고 생활이 무난한 현모양처로 부부해로 하는 배합이다.

10. 외교계통에 종사하는 이름

乾 **丙 寅**(甲:지장간, 정기) 1926

정인 ⓿ 己	**이** ㊀	己 ❽ 정관
비견 ❶ 丙 편인 ❾ 戊	**동** ㊉	丙 ❾ 편인 戊 ❼ 편관
정인 ⓿ 己 겁재 ❷ 丁	**원** ㊀	己 ❽ 정관 丁 ⓿ 정인

선천중심명운의 비견(1)이 편인(9)으로 동화되어 편인(9)의 특성이 강하게 작용한다. 성질은 총명하고 문장력이 뛰어나며 타인에게 친절하고 마음이 넓다. 조실부모하거나 개척자의 정신으로 자수성가 하며 남모르는 강한 에너지가 있고 창의적 연구심이 강하며 독창성이 있는 아이디어가 풍부하다.

그러므로 지혜와 사고력이 뛰어나고 인내와 저력이 있는 통솔자의 품격으로 무에서 유를 창조하는 난세의 영웅 운이다. 풍상고락을 많이 겪지만 성품을 가다듬고 정상을 향하여 인내하고 노력하는 끈질긴 기질이 있다. 정치, 외교, 학문, 예술, 법조, 건축, 군경, 의학 등의 분야에서 성공하기도 한다.

끝 글자의 인비(0,2)는 부귀가 따르고 공명이 진동하는 복수쌍전의 최 길운으로 성공이 순조롭고 주위로부터 존경을 받으며 군자대인의 품격을 갖추고 있다. 후천명운에 관인(7,9)이 있으니 성실 근면하며 재능이 뛰어난 추진력으로 순조롭게 성공하며 가는 곳마다 권리가 많고 의기양양하다.

종합하면 지덕을 겸비한 영웅으로 처음에는 신고하나 말년에는 중심을 집중시켜 공명영달하고 유명후세하며 장수하는 기운의 배합이다.

乾 　丁 巳(丙:지장간, 정기) 　1917

편관 ❼ 辛 편인 ❾ 己	정⊖	辛 ❽ 정관 己 ⓿ 정인
정인 ⓿ 戊 겁재 ❷ 丙	일⊕	戊 ❾ 편인 丙 ❶ 비견
식신 ❸ 乙 비견 ❶ 丁	권⊖	乙 ❹ 상관 丁 ❷ 겁재

선천중심명운은 겁재(2)가 정인(0)으로 동화되어 정인(0)의 작용이 더욱 강하다. 정인(0)은 복록과 수명을 나타내며 건강과 장수하는 배합이다. 국가나 사회집단에서도 혼란이 있을 때 그 능력을 발휘하고 재능을 인정받는다.

자녀를 훈도하는 부모의 기운이 있으므로 심성이 넓고 포용력이 있으며 자상하면서도 차고 냉정한 인상을 주기도 하며 육친에 대한 애정이 강하다. 또한 강유겸전하면서도 지혜와 학문을 나타내며 지성적이고 전통을 지키는 집념이 강하고 최상의 긍지를 내포하고 수재가 많으며 학업성적이 우수하다.

종합하면 부귀가 따르고 공명이 진동하는 복수쌍전福壽雙全의 최 길운이다. 정치, 외교, 학문, 예술, 군경, 의약, 종교, 법조 분야에서 대성하기도 한다.

甲 辰(戊:지장간, 정기)

乾 ──────────── 1904

정재 ❻ 辛 정관 ❽ 己	정㊀	辛 ⓿ 정인 己 ❷ 겁재
편관 ❼ 戊 편인 ❾ 丙	일㊉	戊 ❶ 비견 丙 ❸ 식신
편관 ❼ 戊 편관 ❼ 戊	형㊉	戊 ❶ 비견 戊 ❶ 비견

선천중심명운이 관인(7,9)이다. 편관(7)은 권세가 대단하고 의협심이 있으며 활동적이고 성급하며 솔직담백하다. 권세욕이 강하여 남에게 이기는 것을 좋아하고 책임감이 강하여 고집이 세고 타인을 제압하는 강열한 기운이 작용하는 배합이다.

편인(9)의 특성은 총명하고 문장력이 뛰어나며 온화한 반면 창의적이고 연구심이 충만하다. 성姓에서 재관(6,8)은 성실하며 성공이 빠르고 직장생활을 대길하고 처복이 있으며 주위의 선망이 두텁고 안락한 생활을 한다.

후천명운은 비겁(1,2)이 식신(3)으로 동화되어 식신의 작용이 강하다. 도량이 넓고 어진 인격을 갖추었으며 명랑하고 복록이 많다. 종합하면 상생하니 직장생활에는 부귀가 따르고 대길한 배합이다.

11. 의사 · 열사의 이름

己 卯(乙:지장간, 정기)

乾 ———————————— 1879

비견 ❶ 己		안㊀		己 ❼ 편관
식신 ❸ 丁				丁 ❾ 편인
편인 ❾ 辛		중㊀		辛 ❺ 편재
비견 ❶ 己				己 ❼ 편관
정재 ❻ 甲		근㊉		甲 ❷ 겁재
상관 ❹ 丙				丙 ⓿ 정인

선천중심명운은 편인(9)과 비견(1)이니 지혜와 사고력이 뛰어나고 인내와 저력이 있는 통솔자의 품격으로 무無에서 유有를 창조하는 개척자의 기상이 왕성한 난세의 영웅 운이다. 풍상고락을 많이 겪으며 정상을 향하여 돌진하기 때문에 오히려 불행을 겪는 경우가 많다.

식신(3)이 극제剋制하니 성공에 장애가 많고 매사가 방해가 발생하고, 병고, 파재, 단명하다. 끝 글자의 정재(6)가 극제剋制를 당하니 부모형제와 무덕하고 조실부모하며 부부간에도 애로가 있다. 후천명운에 재관인(5,7,9)이 있으니 관재송사, 횡액 등 파란곡절을 겪게 된다.

乾 **戊 申**(庚:지장간, 정기) 1903

비견 ❶ 戊		윤⊕		戊 ❸ 식신
식신 ❸ 丙				丙 ❺ 편재
편관 ❼ 壬		봉⊕		壬 ❾ 편인
비견 ❶ 戊				戊 ❸ 식신
편재 ❺ 甲		길⊕		甲 ❼ 편관
식신 ❸ 丙				丙 ❺ 편재

선천중심명운은 편관(7)과 비견(1)으로 되어 있다. 편관(7)의 특성은 권세욕이 강하고 의리가 있고 의협심이 강하니 충신열사들이 많은 배합이다. 만난을 극복하고 자립대성하며 천하대세를 간파하고 만인을 통솔하는 귀격이다. 명예을 중히 여기고 재물을 가볍게 여기므로 가정보다는 대의명분을 중요시 한다.

성姓에 식신(3)이 극제剋制하니 성공에 애로가 있고 관재송사, 불구, 수술, 조난, 형액 등이 따른다. 끝 글자의 편재(5)와 상극相剋을 하니 처궁이 산란하다. 후천명운에 재관인(5,7,9)이 있으니 불의의 사고가 발생하는 불길한 배합이다. 특히 군경, 법률, 의약, 언론, 종교 등에서 성공하는 사람이 있으며 대 호걸도 배출되는 특성이 있다.

乾 **戊 午(丁:지장간, 정기)** 1858

겁재 ❷ 己	이 ㊀	己 ❾ 편인	
정인 ⓿ 辛	준 ㊀	辛 ❼ 편관	
상관 ❹ 丁		丁 ❶ 비견	

선천중심명운은 겁재(2)이다. 대인관계가 원만하고 의지가 굳으며 노력성이 대단하고 자존심이 강하고 왕성한 독립심과 고집이 있다. 영웅심리가 강하고 통이 크기 때문에 가정에는 무관심하므로 부부 충돌이 잦은 배합이다.

끝 글자에 인식(0,4)이 있으니 부귀와 공명이 천하를 진동하고 지혜가 뛰어나 만인을 통솔하고 주위로부터 존경을 받는다. 대인군자가 많이 나오는 배합이다. 또한 성姓과 끝 글자의 배합에서 인겁(0,2)의 작용도 무시할 수 없다. 부귀와 공명이 따르고 복수쌍전의 최강 운으로 주위의 도움이 많고 목적을 성취한다. 학문, 예술, 의약, 종교, 법조 분야에서 대성하는 사람이 많다.

조금 아쉬운 것은 후천명운에서 관인(7,9)이 있으니 항상 위험이 따르고 조난, 불구, 형액, 단명할 수 있으니 조심해야 한다. 특히 군경, 법관, 의약 등 특수 분야에는 대성한다.

12. 의약·치료계통에 종사하는 이름

坤 **壬 申**(庚:지장간, 정기) 1932

정재 ❻ 己	**이** ㊀	己 ❹ 상관
편인 ❾ 甲 편관 ❼ 丙	**길** ㊉	甲 ❼ 편관 丙 ❺ 편재
정인 ❻ 己	**여** ㊀	己 ❹ 상관

선천중심명운은 편인(9)과 편관(7)으로 배합 되어 있다. 편인(9)은 문장력이 뛰어나고 도량이 넓으며 언변이 좋으며 총명하며 사회집단 속에서 위기가 있을 때 남이 알지 못하는 지략을 가지고 있어 그 능력을 발휘하여 재능을 인정받으며, 독창적인 아이디어가 풍부하고 창의적 연구심이 강하며 지적자산이 풍부하다. 학자, 예술가, 의사, 종교인, 종교, 철학 등에서 활동하는 사람이 많다.

선천중심명운의 받침글자에 편관(7)이 있으니 명예욕이 남성과 같이 강하고 위험을 무릎 쓰고 추진하기 때문에 승부욕도 강하다. 항상 근면하고 부지런하니 여장부의 소리를 듣는다. 법조, 군경, 의약 계통에서 생살권生殺權을 가진 직업에서 대성공한다.

끝 글자의 정재(6)가 생조生助하니 학문, 교육사업, 유통업, 금융, 예술 계통에서 두각을 나타낸다. 명예와 재물을 겸전하니 만인의 존경을 받고 부귀를 누린다. 후천중심명운에 재관(5,7)이 있으니 역경에 강한 여장부로서 재물 복이 있고 명예를 중히 여기며 자립 대성하는 배합이다. 또한 편관(7)을 성姓의 상관(4)이 극제하니 부부애로가 있다.

乾	丙 戌(戌:지장간, 정기)	1946
편관 ❼ 庚	조 ⊕	庚 ❾ 편인
편관 ❼ 庚 비견 ❶ 丙	찬 ⊕	庚 ❾ 편인 丙 ❸ 식신
정인 ⓿ 己	휘 ⊖	己 ❷ 겁재

선천중심명운의 편관(7)은 권세욕이 강하고 성급하며 의협심이 있으며 활동적이고 봉사정신과 희생정신이 강하다. 주어진 임무에 대하여 책임감이 강하고 신속하며 고집이 있고 남을 제압하는 강렬한 기운이 나오기 때문에 승부욕도 강하다.

비견(1)이 동화同化하니 어려운 고난을 극복하고 자립대성하며 명석한 두뇌는 만인을 통솔하는 귀격이다. 명예를 중히 여기고 재물을 가볍게 여기므로 재액이 따르고 가까운 사람으로부터 시기와 모함을 받을 수 있으니 대인 관계에 소홀히 해서는 안 된다.

끝 글자에서 정인(0)이 생조生助하니 덕망을 겸비한 군자대인의 품격으로 장수행복하며 육친애가 강하고 의리가 있다. 학문, 군경, 법조, 예술, 의약 등의 분야에서 대성하는 사람이 많다.

후천명운에서 편인(9)과 식신(3)이 상극相剋으로 배합하고 있지만 특수 분야에서 성공하는 배합이다. 또한 비식(2.3)은 내면적으로 온유하지만 인내심이 강하여 무에서 유를 찾아내는 저력이 있어 큰 풍파 없이 성공이 순조롭고 처덕이 있으며 부귀겸전 하는 대길한 배합이다.

坤 戊 戌(戊:지장간, 정기) 1958

편인 ❾ 庚	조⊕	庚 ❾ 편인
비견 ❶ 戊	혜⊕	戊 ❶ 비견
편인 ❾ 庚 편재 ❺ 甲	숙⊕	庚 ❾ 편인 甲 ❺ 편재

선천중심명운은 비견(1)이다. 비견(1)의 특성은 의지가 굳고 노력이 대단하며 자존심이 강하고 독립심이 있으며 자기주장이 강하여 고집이 세다는 평을 듣는다. 그러므로 다른 사람과 화합하지 못하고 시기와 질투를 받아 손해를 많이 보는 경향이 있다.

비견(1)이 편인(9)으로 동화되어 편인(9)의 특성으로 변화된다. 여성은 부드러우면서도 보수적이고 인덕이 없고 남편과 자식에게 애로가 있다. 무슨 일이든지 독자적인 사업을 원하고 규칙이나 규정을 싫어하므로 직장생활은 오래가지 못한다.

성姓과 끝 글자에서 편인(9)이 생조生助하니 지혜와 사고력이 뛰어나고 인내와 저력이 있어 무無에서 유有를 창조하여 개척자의 기상이 왕성하다. 풍상고락을 많이 겪으면서 정상에 오르니 자기의 소질을 살려 인내심을 기르고 저력을 극복하여야 한다.

끝 글자의 편인(9)이 편재(5)를 상극相剋하니 한때 재물의 손재損財가 있으므로 투기나 주식은 금물이다. 생활욕과 자존심이 강하여 내 주장을 하기 때문에 부부애로가 있으며 고독하고 풍파를 겪는 배합이다.

13. 정치계통에 종사하는 이름

乾 **辛 未(己:지장간, 정기)** 1931

비견 ❶ 辛 편재 ❺ 丁	**전**㊀	辛 ❾ 편인 丁 ❸ 식신
편재 ❺ 丁	**두**㊀	丁 ❸ 식신
식신 ❸ 己 편재 ❺ 丁	**환**㊀	己 ❶ 비견 丁 ❸ 식신

선천중심명운이 재성(5,6)인 경우는 봉사정신이 강하고 의리를 중히 여기며 활동력이 왕성하고 재복이 많아 평생 재물이 떨어지지 않고 다재다능하며 총명하다. 뚝심이 있고 고집이 강하며 강단

도 있기 때문에 정신력과 강인한 체력을 겸비한 배합이다.

식재(3,5)는 도량이 넓고 큰 인격을 갖추고 복록이 많고 가재가 윤택하며 장수행복하고 일생이 안락하고 부귀영달 한다. 끝 글자에서 식신(3) 편재(5)를 생조生助하니 천시지리天時地利를 얻으면 대재大財를 얻고 복록이 있으며 주위로부터 존경을 받고 배신을 당하지 않는다.

원명原名에서 재성(5,6)이 태과太過하여 과욕을 갖게 되니 관재송사가 염려되며 식상(3,4)이 중중하며 간접적으로 관성(7,8)을 극제하니 시비구설이 따른다. 후천명운에서 비식(1,3)이 있으니 직장생활은 부귀가 따르고 대길한 배합이다. 매사에 자신감을 가지며 적극성이 있어 대성공을 할 수 있다.

乾 壬 申(庚:지장간, 정기) 1932

편관 ❼ 丙	노⊕	丙 ❺ 편재
정관 ❽ 丁	태⊖	丁 ❻ 정재
편재 ❺ 戊	우⊕	戊 ❸ 식신

선천중심명운은 정관(8)이니 용모가 단정하고 매우 꼼꼼하며 높은 긍지를 갖고 책임감이 강하고 신용을 지키며 인품이 바르다.

정관(8)은 관리의 품격이며 깔끔하게 일 처리를 잘하고 기억력과 통찰력이 뛰어나 조직을 이끄는 통솔력이 대단하다. 끝 글자의 편재(5)가 정관(8)을 생조生助하니 지덕을 겸비하고 신망이 두터

우며 처세가 탁월하다. 두령 운으로 지도적 인물로 인품이 고결하고 주위의 존경을 받으며 성공이 순조롭고 공명을 떨친다.

원명原名에서 관성(7,8)은 명예를 중히 여기는 군경, 법률, 운동, 유통, 특수직 계통에서 성공하는 사람이 많다. 재관(5,8)은 지모가 출중하고 용모가 준수하며 도량이 넓으니 세인이 흠모하고 권위가 사해에 떨치고 고상한 인격은 만인의 사표가 되는 부귀공명 하는 배합이다. 또한 식재(3,6)는 부귀공명하며 일생이 안락하고 통솔의 위력이 있는 배합이다.

乾 **癸 卯**(乙:지장간, 정기) 1363

편재 ❺ 己 편재 ❺ 己	**황** ㊀	己 ❼ 편관 己 ❼ 편관
정재 ❻ 戊	**희** ㊉	戊 ❽ 정관

선천중심명운은 편재(5)가 중중하니 성실하고 검소하며 다재다능하고 총명하여 여러 분야에서 능력을 인정받는다. 온후하고 보수적이며 도덕심이 강하여 남에게 싫은 소리를 하지 못하고 고집도 강하다. 또한 의협심도 강하고 정의로우며 시비를 분명히 가리어 판단하므로 명예와 복록을 겸비한 배합이다.

끝 글자에서 정재(6)의 기운이 도우니 재운이 왕성하고 부귀가 따르며 일생이 안락하다. 재운이 왕성하고 부귀가 따르고 건강하며 복수겸전하며 성실하고 복록이 따르고 재물 복이 있어 주위의 도움이 많고 경사도 많고 장수 행복한 배합이다.

후천명운은 정관(8)이니 용모 단정하고 높은 긍지와 책임감이 강하며 직업은 정치, 외교, 법률, 군경, 의약, 공무원 등에서 두각을 나타낸다. 성姓에서 편관(7)의 기운이 도우니 명예가 따르고 권리가 많고 주위의 존경을 받는다. 전체적으로 선천명운의 재성(5,6)이 후천명운의 관성(7,8)을 생조生助하고 부귀겸전하고 장수 행복한 이름이다. 본명本名은 69세에 영의정에 올랐고 86세에 은퇴하였으며 90세에 세상을 떠난 명재상이었다.

14. 종교 · 철학계통에 종사하는 이름

乾 **壬 戌(戌:지장간, 정기)** 1922

편인 ❾ 甲 비견 ❶ 壬	**김** ⊕	甲 ❺ 편재 壬 ❼ 편관
상관 ❹ 辛	**수** ⊖	辛 ⓿ 정인
정재 ❻ 己 정관 ❽ 丁	**환** ⊖	己 ❷ 겁재 丁 ❹ 상관

선천중심명운이 상관(4)이 비견(1)과 정재(6)와 서로 소통되어 대길한 배합이다. 지략이 뛰어나고 두뇌의 회전이 빠르며 법 없이 사는 사람이고 남의 부탁을 뿌리치지 못하고 불가능한 것도 해결하려는 바람에 고통을 받기도 한다. 금전적인 욕심이 없으면서도 자존심이 강하여 사업에는 대흉하며 원리원칙을 신조로 하기 때문

에 연구 계통에서 대성하는 사람이 많다.

이 중심명운이 있는 사람은 예술과 예능계통에 소질이 있으며 예수, 석가모니, 공자와 같은 성인을 비롯하여 투출한 인물이 배출된다. 비식(1,4)은 감수성이 예민하고 타인의 속박을 싫어하며 지혜가 뛰어나고 학문, 예술, 연구, 종교 계통에서 성공하기도 한다. 재관(6,8)이 있으니 성실하고 책임감이 있으며 성공이 빠르고 공명을 얻는다. 일평생 큰 풍상이 없으며 주위의 신망이 두텁고 안락한 생활을 하며 명예는 좋으나 사업은 불길하다.

후천명운에 정인(0)이 있으니 유순하고 합리적이고 모성 본능이 강한 특성이 있기 때문에 다른 사람의 존경을 받으며 평생 대액大厄 없는 배합이다. 관인(7,0)은 명예를 중요시하고 비인(2,0)은 군자대인 풍모를 갖추고 무병식재하며 장수하는 대길 하는 이름이다.

乾 **癸 丑(己:지장간, 정기)** 1313

편관 ❼ 丁	탄㊀	丁 ❸ 식신
편관 ❼ 丁		丁 ❸ 식신
정재 ❻ 戊	허㊉	戊 ❷ 겁재

선천중심명운은 편관(7)이 중중하므로 활동적이고 성급하며 화끈한 것을 좋아하고 솔직담백하다. 권세욕이 강하며 남에게 지는 것을 싫어하며 목적을 위해서 끈질긴 집념을 가지고 성취시키는

기질이 있다.

보수적이고 도덕심이 강하며 남과 다투는 것을 싫어하고 깐깐하면서도 괴팍하다. 명예를 중히 여기고 의협심도 강하고 정의와 신용을 존중하며 시비를 가리는 것이 특징이다.

재관(6,7)은 법이 없어도 윤리도덕으로 살아간다. 명예를 중히 여기어 공명을 이루고 만인이 우러러 본다.

후천명운은 식신(3)이니 도량이 넓고 어진 인격을 갖추었으며 자존심이 지나치게 강하여 자기의 약점을 노출 시키지 않는다. 직업은 종교, 학문, 철학, 군경, 건축, 원예, 사건, 고전 등에서 두각을 나타내는 사람아 많다. 본명本名은 22세에 오대산 월정사에 들어가 "한남" 스님의 제자가 되어 17년 동안 수도하였고 71세에 열반하였다.

乾 **癸 卯**(乙:지장간, 정기) 1963

신신 ❸ 辛	**신**㊀		辛 ❺ 편재
편관 ❼ 丁			丁 ❾ 편인
상관 ❹ 庚	**상**㊉		庚 ❻ 정재
정재 ❻ 戊			戊 ❽ 정관
상관 ❹ 庚	**순**㊉		庚 ❻ 정재
정관 ❽ 丙			丙 ⓿ 정인

선천중심명운은 상관(4)과 정재(6)이다. 상관(4)은 감수성과 예지력. 창의성, 인내심이 풍부하다. 또한 지략이 뛰어나고 두뇌가 명석하고 예측력이 대단하여 종교계로 진출하여 대성하는 경우가 많으며 학자, 예술가, 사상가, 발명가, 이·미용사, 디자인, 유행

의 첨단을 달리는 직업에서 두각을 나타낸다.

식재(4,6)의 특성은 주위의 신망이 두텁고 조심성이 많으며 자존심이 강하여 생활력이 강하고 자기 주관대로 하기 때문에 부부풍파가 잦다.

후천중심명운에 재관(6,8)이 있으니 가정생활이나 직장생활 모두 대길한 배합으로 재복이 풍부하고 사회활동을 하여 명성을 얻는다. 그러나 선천명운의 성姓과 끝 글자에서 식상(3,4)이 관성(7,8)을 극제剋制하니 부부이별의 비애가 있고 고독하다.

후천명운에서 재성(5,6)과 인성(9,0)이 극제剋制되고 재성(5,6)이 중첩되어 있으니 풍상고락을 많이 보내고 재물 복이 한결같지 못하고 부모 속을 썩이며 자식에게도 애로가 많은 배합이다. 본명本名은 21세에 출가하여 스님이 되었다.

15. 결혼을 늦게 하는 이름

坤 **壬 子(癸:지장간, 정기)** 1972

정재 ❻ 己	이㊀	己 ❺ 편재
편인 ❾ 甲 편재 ❺ 戊	경㊉	甲 ⓿ 정인 戊 ❻ 정재
식신 ❸ 庚 편인 ❾ 甲	숙㊉	庚 ❹ 상관 甲 ⓿ 정인

선천중심명운은 편인(9)과 편재(5)이고 후천중심명운은 정인(0)과 정재(6)이다. 편인(9)은 문장력이 뛰어나며 타인에게 친절하며 총명하다. 또한 임기응변의 재능을 갖고 있으며 학문과 예술을 좋아하나 집중력이 부족한 것이 흠이다.

정인(0)은 복록장수를 하며 유복한 생활과 주위로부터 존경을 받는다. 또한 사물에 대한 비평을 즐겨하고 지혜도 뛰어나고 자비심이 있어 교육자나 예능계에서 두각을 나타낸다.

여자는 모성본능이 강하고 선량하고 원만하고 명랑하다. 그러나 재성(5,6)이 극제剋制하니 경제적으로 어려움이 있고 부부이별수가 있으나 선고후락 하여 장수하고 안락하다.

끝 글자에서 식상(3,4)이 생조生助하니 말년에 남편 복이 있고 자녀 중에 효자가 있으며 생애가 편안하고 가문을 빛낸다. 남편을 뜻하는 관성(7,8)이 없으니 늦게 결혼하거나 나이 차이가 많은 사람과 인연이 있는 배합이다. 본명本名은 문화재청 학예사로 재직하고 있다.

坤 己 酉(**辛:지장간, 정기**) 1969

겁재 ❷ 戊	오⊕	戊 ❹상관
편인 ❾ 辛	재⊖	辛 ❶ 비견
겁재 ❷ 戊	희⊕	戊 ❹ 상관

선천중심명운은 편인(9)이니 문장력이 뛰어나고 남이 알지 못하

는 지략이 있으며 창의적 연구심이 있고 독창적 아이디어가 풍부하다. 집단조직 속에서 남의 지배나 지시를 받는 것을 싫어하고 어떠한 고통도 말없이 참고 견디는 인내심과 노력성이 대단하다.

또한 낡은 것을 파괴하고 새로운 것을 창조하고 개선하는 개척정신이 강하다. 직업으로는 학자, 예술가, 의상, 종교인, 발명가, 이·미용사, 운동계통에서 두각을 나타낸다. 특히 여성은 부드러우면서 강하며 의식주와 관련된 의류, 건축, 요식업, 서예, 작가, 간호사, 승무원 등에서도 종사하는 사람이 많다.

성姓과 끝 글자에서 겁재(2)가 생조生助하니 동화되어 편인(9)의 성격이 더욱 강하게 작용하는데, 후천명운에서도 상관(4)의 기운을 협조하니 부부애로가 있고 파란곡절을 겪은 후에야 정상에 오르는 배합이다.

명리육친에서 토기土氣가 왕성旺盛하면 금기金氣가 매몰되는 현상으로 토다금매土多金埋가 되는 이치와 같다.

坤 **癸 卯**(乙:지장간, 정기) 1963

편재 ❺ 己	**이**㊀	己 ❼ 편관
비견 ❶ 癸	**미**㊀	癸 ❸ 식신
정재 ❻ 戊	**화**㊉	戊 ❽ 정관

선천중심명운은 비견(1)이다. 비견(1)은 의지와 노력성이 대단하며 자존심이 강하고 고집이 세다. 성姓과 끝 글자에서 재성

(5,6)을 극제剋制하니 사업을 하면 실패하는 경우가 많으니 직장생활이 적합하다. 형제간으로 고통을 겪으며 불화쟁론이 잦고 자기주장이 강하니 부부애로가 있으며 남편 복도 없다.

후천중심명운은 식신(3)이니, 매사에 주도면밀하고 도량이 넓고 어진 인격을 갖고 있으나 자존심이 강하고 자기의 약점을 노출시키는 것을 싫어한다. 남편을 뜻하는 관성(7,8)을 극제剋制하니 부부풍파가 많고 남편에게 불행이 닥치거나 이별수가 있으며 주위의 도움이 없으니 외롭고 고독한 생활을 한다.

직업은 예술, 예능, 학문, 의약, 언론, 건축, 종교, 철학 등에서 두각을 나타낸다. 종합하여 보면 재성(5,6)을 극제剋制하니 재물 복이 없고 관성(7,8)을 극제剋制하니 남편 복이 없는 불길한 배합이다. 명리육친에서 토기土氣가 많으면 수기水氣가 물이 메마르는 형상으로 토다수축土多水縮 되는 이치와 같다.

16. 나이차이가 많은 자와 결혼하는 이름

乾 —— **戊 寅(甲:지장간, 정기)** —— 1938

겁재 ❷ 己	이㊀	己 ❽ 정관
비견 ❶ 戊	용㊉	戊 ❼ 편관
비견 ❶ 戊		戊 ❼ 편관
비견 ❶ 戊	호㊉	戊 ❼ 편관

선천중심명운은 비견(1)이 중첩되어 있으니 자존심이 강하고 의지력과 노력성이 대단하고 독립정신이 강하고 고집이 세다. 자기의 주관대로 살아가고 있기 때문에 직장생활을 하는 동안에는 상사와 충돌이 생겨 능력을 발휘하지 못한다.

원명原名에서 전체적으로 비겁(1,2)이 중중하여 재성(5,6)을 극제剋制하므로 아버지와 처궁이 약할 뿐만 아니라 형제 무덕이다.

후천중심명운은 편관(7)이 중중하므로 명예를 중요시하고 의리가 있으며 성급하고 활동적이다. 일찍 군에 입대하여 부사관으로 복무하다 전역하였다.

이 명운의 특성은 비겁(1,2)이 중중하므로 군겁쟁재群劫爭財이니 조실부모하였고 36세에 18세 연하와 결혼하였다. 비겁(1,2)이 중중하면 재물 복이 없고 직장생활이 대길하지만 상사와 충돌이 잦아서 오래가지 못한다. 또한 처궁이 산란하기 때문에 나이차이가 많은 배우자를 만나게 되는 것이다.

坤 **甲 辰**(戊:지장간, 정기) 1964

	이름	
식신 ❸ 壬 편관 ❼ 戊	**방**⊕	壬 ❼ 편관 戊 ❶ 비견
편관 ❼ 戊	**혜**⊕	戊 ❶비견
정인 ⓿ 丁 정인 ⓿ 丁	**란**⊖	丁 ❹ 상관 丁 ❹ 상관

선천중심명운은 편관(7)이니 권세욕이 강하고 활동적이며 화끈하고 남에게 이기는 것을 좋아하고 꾸밈이 없는 사람이다. 책임감이 강하고 신속하게 주어진 임무를 처리하며 영웅호걸이 많은 여장부의 기질을 가지고 있다.

솔직한 것을 좋아하고 성급하기 때문에 시원하다는 말을 듣지만 반면에 인덕이 없어 배반을 당하기도 한다. 여성은 남성에게 이용을 당하기도하고 사회적 명성을 얻기도 하고 다방면에서 활동한다. 특히 군인, 경찰, 공무원, 건축, 기술, 전자, 운동, 법률, 정보, 작전, 통신, 문학 등의 여러 분야에서 두각을 나타낸다.

관성(7,8)은 남편을 뜻하므로 부부애로가 있는 경우가 많은 배합이다. 끝 글자에 정인(0)이 있으니 학문, 군경, 공무원, 예술 계통에서 대성하는 사람이 많다. 본명本名은 32세에 나이 차이가 많은 연상의 사람과 결혼하였다.

坤 **庚 戌(戌:지장간, 정기)** 1970

비견 ❶ 庚	조⊕	庚 ❾ 편인
식신 ❸ 戊 편재 ❺ 丙	은⊕	戊 ❶ 비견 丙 ❸ 식신
겁재 ❷ 辛 상관 ❹ 己	정⊖	辛 ⓿ 정인 己 ❷ 겁재

선천중심명운은 식신(3)과 편재(5)로 배합되어 있다. 식신(3)은 돌다리도 두드려보고 건너가듯이 매사에 주도면밀하고 빈틈을 보이지 않으려 하며 온순하면서 내성적인 성질이기 때문에 조심하지

않으면 불행한 오점을 남길 수 있다. 그러나 편재(5)를 생조生助하니 인정이 많고 봉사정신이 강하고 재물의 기운이 작용하므로 금전의 혜택을 많이 받아 생활의 여유가 있다.

끝 글자의 겁재(2)가 편재(5)를 극제剋制하니 한때 재산상의 손해를 겪는다. 식재(3,5)는 복록이 많고 일생이 안락하며 남편이 부귀영달하고 자식 중에 효자를 두어 행복하다. 그러나 재겁(5,2)이 있으니 형제, 친척 등으로 인하여 재물 걱정이 많고 일신이 곤고하며 고독하다.

선천명운이나 후천명운에서 남편궁인 관살(7,8)이 없으니 일찍 결혼하면 불행을 겪게 되거나 이별수가 있다. 흠이 있는 사람과 결혼하거나 나이 차이가 많거나 아니면 년 하의 남자와 인연이 있다.

17. 부부가 생사이별 하는 이름

坤 **丁 亥(壬:지장간, 정기)** 1947

상관 ❹ 甲		김⊕		甲 ❾ 편인
정재 ❻ 壬				壬 ❶ 편관
정관 ❽ 庚		송⊕		庚 ❸ 식신
정인 ⓿ 戊				戊 ❺ 편재
정관 ❽ 庚		순⊕		庚 ❸ 식신
겁재 ❷ 丙				丙 ❼ 편관

선천중심명운은 정관(8), 정인(0)으로 되어 있고 성姓으로부터

정재(6)가 재생관財生官하여 귀격이다. 끝 글자의 정관(8)이 생조生助하니 관성(8)이 중첩되어 관살혼잡官殺混雜이 되었다. 그러므로 부부애로가 있음을 예견한다.

후천명운에는 식신(3)이 편재(5)를 생조生助하니 복록이 많은 배합이다. 끝 글자의 식신(3)이 편관(7)을 극제剋制하니 남편과 이별을 하는 배합이다.

관인(8,0)의 배합은 남자는 대길하고 여자의 배합은 불길하다. 너무 강한 기운의 작용으로 성질을 조심하지 않으면 평생 고생을 한다. 사회생활을 하는 것이 좋으며 풍파를 많이 겪으며 불길한 배합이다.

선천명운에서 정관(8)이 중첩되어 있고 후천명운에서 식신(3)이 중첩되어 있으니 자연적으로 생사이별이 있는 배합이다.

坤 **甲 午(丁:지장간, 정기)** 1954

정재 ❻ 辛 정관 ❽ 己	**정**㊀	辛 ❼ 편관 己 ❾ 편인
편관 ❼ 戊	**혜**㊉	戊 ⓿ 정인
비견 ❶ 甲 편관 ❼ 戊	**경**㊉	甲 ❹ 상관 戊 ⓿ 정인

관성(7,8)이 중중하여 명암부집明暗夫集이 된 배합이다. 사회활동을 하는 여장부의 기질을 타고 났으나 남편이 많은 형상으로 남편 복이 없는 배합이다. 부모형제로 인한 근심걱정이 많으며 이별수가 있으니 불길하다.

특수직종에서 두각을 나타내기도 하지만 일생동안 풍상을 겪으면서 고독한 생활을 하며 주위의 덕도 없다. 늦게 결혼하거나 나이 차이가 많은 사람과 인연이 있다.

후천명운에 정인(0)이 있으니 모성 본능이 강하고 선량하며 순박하다. 정치, 법률, 군경, 학문, 의약 계통의 직업을 갖는 것이 좋은 배합이다. 이 명운은 약국을 경영하고 있다.

끝 글자의 비견(1)이 편관(7)으로 동화同化되었으니 선천명운은 모두가 관살혼잡官殺混雜으로 부부 궁에 애로가 있다. 후천명운은 인성(9,0)이 태왕 하니 상관(4)이 극제 되어 자식이 없는 배합이다.

戊 戌(戊:지장간, 정기)

坤 ———————— 1958

편인 ❾ 庚		조⊕		庚 ❾ 편인
비견 ❶ 戊		혜⊕		戊 ❶ 비견
편인 ❾ 庚 편재 ❺ 甲		숙⊕		庚 ❾ 편인 甲 ❺ 편관

선천중심명운은 비견(1)이니 의지가 강하고 노력성이 대단하며 자존심이 강하고 왕성한 독립심이 있고 고집이 세다. 그러나 편인(9)으로 동화同化 되었으니 어떠한 고통에도 참고 견디는 인내심이 강하고 노력성이 뛰어나며 개척자의 정신이 강하게 되었다.

여성은 생활전선에 나아가서 활동하며 정치, 종교, 볍률, 유통, 예술, 운동, 의약 계통에도 성공한다. 본명本名은 한의원을 경영하고 있으나 선천, 후천명운에 남편 궁에 해당하는 관성7,8이 없으니 부부애로가 있는 명운이다.

비겁(1,2)은 재물을 나타내는 재성(5,6)을 극제剋制하기 때문에 사업을 하면 실패하는 경우가 많고 동업同業을 하면 서로 불화不和가 생긴다.

비겁(1,2)은 인성(9,0)을 생조生助하기 때문에 지혜와 사고력이 뛰어나고 인내와 저력이 있어 풍상고락을 많이 겪으며 정상에 오르는 배합이다.

그러나 끝 글자에서 재인(5,9)이 상극되었으니 선고후락先苦後樂한다하더라도 말년이 고독하고 풍파를 겪는다.

18. 불의의 교통사고를 당하는 이름

乾 **壬 辰(戊:지장간, 정기)** 1952

상관 ❹ 辛	전㊀	辛 ⓿ 정인	
정관 ❽ 丁		丁 ❹ 상관	
식신 ❸ 庚	성㊉	庚 ❾ 편인	
편재 ❺ 戊		戊 ❶ 비견	
정인 ⓿ 乙	기㊀	乙 ❻ 정재	

선천중심명운의 식신(3)은 성질이 섬세하고 예술이나 종교 계통에 소질이 있으며 재성(5,6)을 도와 처복과 재물이 있어 보이나 성姓의 정관(8)과 상극相剋되어 자식(8)을 극제剋制하고 끝 글자의

정인(0)이 편재(5)로 상극相剋하니 처궁의 편재(5)와 재인상쟁財印相爭이 되어 교통사고로 본인과 처자식이 함께 사망한 이름이다.

인성(9,0)은 학문, 연구, 교육 등을 대표하지만 수명으로도 나타내므로 극제剋制를 당하면 수명을 단축시키고 관성(7,8)은 조직, 명예, 관직을 대표하지만 극제剋制를 당하면 관재송사, 형액刑厄 등이 일어난다.

선천명운의 재인(5,0)은 명예심이 강하고 처로 인한 애로가 많고 자식 중에 근심거리가 있다. 직업은 학문, 종교, 의약, 기술 방면에서 대성공하지만 항상 위험이 따르는 배합이다.

후천명운에서도 비견(1)과 정재(6)가 상극相剋을 하고 비견(1)이 편인(9)으로 동화同化된다하더라도 역시 재인(9,6)이 상극相剋되어 설상가상으로 흉凶한 배합의 이름이다.

乾 **戊 戌(戊:지장간, 정기)** 1958

편관 ❼ 壬	**배**⊕	壬 ❼편관
편인 ❾ 庚 편재 ❺ 甲	**석**⊕	庚 ❾ 편인 甲 ❺ 편재
편관 ❼ 壬 비견 ❶ 戊	**봉**⊕	壬 ❼ 편관 戊 ❶ 비견

선천중심명운은 편인(9)과 편재(5)로 구성되어 있다. 편인(9)은 도량이 넓고 문장력도 뛰어나며 강한 에너지를 갖고 있으며 창의력과 연구심이 강하다. 그러나 재성(5,6)을 만나면 학문이나 교육

계통을 극제剋制하니 재물과 처궁에 의한 관재송사가 일어난다.

재관인(5,7,9)이 중복되어 있으면 교통사고나 불의의 재앙이 빈번하게 일어나고 단명할 수 있는 배합이다. 인성(9,0)은 식상(3,4)을 만나면 학문과 예술 계통에서 성공하게 되고 관성(7,8)을 만나면 부귀와 명성을 얻는다. 비겁(1,2)을 만나면 의욕이 넘쳐 과욕하게 되어 도전과 실패를 거듭 하게 된다.

선천중심명운의 재인(5,9)은 부귀영달하고 흉변위길凶變爲吉하지만 후천명운에서도 중첩되어 있으니 목적을 달성하고 대업을 완수하였다하더라도 처궁이나 수명에 손상을 당한다. 본명本名은 인기연예인 매니저로 있다가 37세에 살해당한 불길한 배합이다.

乾 **甲 寅(甲:지장간, 정기)** 1974

편관	❼	戊	**윤**⊕	戊	❼	편관
편인	❾	丙		丙	❾	편인
편재	❺	庚	**철**⊕	庚	❺	편재
편인	❾	丙		丙	❾	편인
정관	❽	己	**완**⊖	己	❽	정관
정인	⓿	丁		丁	⓿	정인

선천중심명운이 편재(5)와 편인(9)으로 어질고 선량하며 활동력이 왕성하고 모험을 즐기며 항상 분주하여 의리가 있고 인정이 많아서 지출이 많은 편이다.

편인(9)이 있어 문장력이 뛰어나고 총명하며 친절하고 임기응변의 재능을 가지고 있으나 재인(5,9)이 상극相剋하니 성공에 장애가 생긴다.

공군사관하교를 나와 군인의 길을 가다가 중도에 전역하여 필리핀에 가서 사업을 하다가 교통사고를 당하였다.

원명原名에 재관인(5,7,9)이 중복되어 있으면 교통사고, 조난, 관재, 등 불의의 재앙이 일어나고 단명할 수 있는 배합이다.

중심명운에 관인(7,9)이 있으면 군경이나 법관, 의사, 언론 등에서 성공하는 경우가 많으나 성姓이나 끝 글자에 있기 때문에 군인의 길이 중도에 좌절하게 되었다. 중심명운에 재인(5,9)이 되어 명예보다는 유동재流動財로 재물에 관심을 갖게 되어 사업을 하게 된 것이다.

19. 불의의 형액를 당하는 이름

乾 己 丑(己:지장간, 정기) 1949

겁재 ❷ 戊		윤⊕		戊 ❷ 겁재
상관 ❹ 丙				丙 ❹ 상관
식신 ❸ 丁		남⊖		丁 ❸ 식신
편관 ❼ 癸				癸 ❼ 편관
정인 ⓿ 庚		석⊕		庚 ⓿ 정인
정재 ❻ 甲				甲 ❻ 정재

선천중심명운은 식신(3)과 편관(7)으로 배합되어 있다. 식신(3)의 특성은 매사에 주도면밀하고 단순하면서도 의심이 많으며 괴팍한 성

격이다. 또한 자존심이 지나치게 강하여 체면에 손상되는 것을 싫어하고 자기의 약점이 노출되는 것을 꺼린다. 때로는 생각이 깊지 못하고 단순하여 무엇인가를 창조하고 취미나 유희를 대상으로 하는 업종이나 식생활과 관련된 분야에 종사하게 되는 경우가 많다.

식상(3,4)과 관성(7,8)이 서로 상극相剋되면 성공에 애로가 있고 남과 타협하기 싫어하며 의심이 많고 담력이 부족하여 고립적이고 반항심도 강하고 까다로우니 살상殺傷의 비운이 따르고 애로가 많다. 그러나 생살지권生殺之權을 다루는 직업을 가질 경우는 제외가 된다.

본명本名은 토건회사에 근무한다가 퇴사하여 저수지에 낚시터 임대와 식당운영으로 생활하다가 불의의 사고로 익사한 이름이다.

乾 乙 酉(辛:지장간, 정기) 1945

정관 ❽ 戊	윤⊕	戊 ❹ 상관
정인 ⓿ 丙		丙 ❻ 정재
정재 ❻ 庚	석⊕	庚 ❷ 겁재
겁재 ❷ 甲		甲 ❽ 정관
겁재 ❷ 甲	금⊕	甲 ❽ 정관
상관 ❹ 壬		壬 ⓿ 정인

선천중심명운의 정재(6)을 겁재(2)가 극제剋制하니 활동력이 왕성하고 의기가 충천하지만 부모와 형제 덕 없고 부부이별 수가 따르며 직장에서는 활동력이 왕성하고 의기가 충천하지만 시비구설이 있고 형액, 병고 등의 재앙이 있으며 일시적 성공이라도 매사에 막힘이 있고 실패가 반복되는 배합이다.

성姓의 정인(0)과 정재(6)가 상극相剋되어 조실부모하였고 중심명운과 끝 글자의 정재(6)를 극제 하니 부부이별 하게 된 것이다.

후천중심명운은 정관(8)이 비겁(2)을 억제하여 동화同化되었으므로 부귀가 따르지만 성姓에서 정재(6)가 극제剋制를 당하여 일생이 고독하고 단명하다. 원명原名에서 재인(6,0)이 상극相剋되고 군겁쟁재(2,6)하니 재물풍파가 많고 불운이 겹친 배합이다.

본명本名은 재인(6,0)이 상극되므로 뛰어난 머리가 있어 은행에 입사하여 서울은행 감사부에서 퇴직하였고, 겁재(2)가 중중하여 정재(6)를 극제하니 처복이 없고 단명하게 된 배합이다.

乾 **庚 寅(甲:지장간, 정기)** 1950

상관 ❹ 己	이㊀	己 ❽ 정관
정관 ❽ 乙	기㊀	乙 ❷ 겁재
비견 ❶ 庚 편재 ❺ 丙	철㊉	庚 ❺ 편재 丙 ❸ 식신

선천중심명운이 정관(8)이니 높은 긍지를 가지고 있으며 책임감이 강하고 관리의 품격이니 무슨 일이든지 주어진 임무를 훌륭하게 처리한다. 매사에 조심성이 있고 빈틈이 없이 일 처리를 깔끔하게 마무리를 짓지만 대담성이 부족하고 결과에 대한 손익계산을 하기 때문에 일생동안 큰 과오는 저지르지 않고 안정된 길을 가는 배합이다.

그러나 성姓에서 상관(4)이 극제剋制하여 불명예스러운 일이 종종 일어나고 성공에 장애가 따르고 평생 동안 관재소송을 조심해야 한다. 뛰어난 재능과 성실한 인물이지만 중도에 좌절되는 일이 반복되고 형벌, 질병, 횡액 등 불의의 재앙이 있으며 부부애로가 있는 배합이다.

정관(8)이 비겁(1,2)을 억제하면 대부대귀大富大貴할 수 있으나, 끝 글자에서 군겁쟁재群劫爭財하여 불길하다. 본명本名은 독일 유학 후 대학 교수로 재직하다가 58세에 심장마비로 운명을 다한 이름이다.

20. 상극이 되어도 대길한 이름

坤 ── **戊 申(庚:지장간, 정기)** ── 1968

편재 ❺ 甲 편관 ❼ 壬		김⊕		甲 ❼ 편관 壬 ❾ 편인
비견 ❶ 戊 식신 ❸ 丙		연⊕		戊 ❸ 식신 丙 ❺ 편재
정인 ⓿ 辛		수⊖		辛 ❷ 겁재

선천중심명운의 비겁은(1)은 재성(5,6)을 제외除外하고는 다른 중심명운에 동화同化되는 특유한 기운이 작용하므로 주의를 요한다. 명리학에서 월지月支에 비견比肩과 겁재劫財가 있을 때 건록建祿과 양인羊刃이라고하여 별도의 격국格局으로 분리하는 이치와

같다.

중심명운이 비겁(1,2)인 사람은 받침글자에 식상(3,4)이 있으면 그 특성을 식상(3,4)로 보아야하고 관성(7,8)이 같이 있으면 관성(7,8)으로 보아야 한다. 다만 재성(5,6)이 있으면 비겁(1,2)이 탈재奪財하는 불길한 특성으로 보아야 한다. 그러므로 본명本名은 중심명운이 비견(1)이므로 식신(3)으로 동화同化되어 식신(3)의 특성으로 변했다. 성질은 도량이 넓고 섬세하며 주도면밀하므로 식록, 건강, 장수의 기운이 작용하여 학문, 연구, 예술, 예능, 의약 분야에서 두각을 나타내고 있다.

편관(7)으로도 동화되는데 명예, 살권殺權으로 작용하여 책임감이 강하고 조직력도 대단하다. 끝 글자의 정인(0)은 학문을 뜻하므로 식신(3)과 상극相剋이 되었어도 대길한 배합이다.

乾 **丙 戌(戌:지장간, 정기)** 1946

식신 ❸ 甲 편재 ❺ 壬		**김**⊕		甲 ❺ 편재 壬 ❼ 편관
편관 ❼ 庚 비견 ❶ 丙		**진**⊕		庚 ❾ 편인 丙 ❸ 식신
편관 ❼ 庚 비견 ❶ 丙		**선**⊕		庚 ❾ 편인 丙 ❸ 식신

선천중심명운의 비견(1)는 편관(7)으로 동화되어 편관(7)의 특성이 더욱 강하게 작용한다. 성질은 의지가 강하고 노력성이 대단하며 자존심도 강하고 독립심도 있고 고집도 세다. 활동적이고 성

급하며 화끈하고 명예욕이 대단하여 권세욕이 강하므로 남에게 이기는 것을 좋아하고 지는 것을 수치로 알고 목적을 달성하기 위한 의욕이 넘친다. 과감성과 신속한 행동, 개방적인 성격은 정치, 법률, 군경, 의약, 정보, 작전, 전산, 통신 등의 분야에서 두각을 나타낸다.

관비(7,1)는 많은 어려움을 극복하고 자립 대성하며 명석한 두뇌는 천하대세를 간파하고 만인을 통솔하는 귀격이다. 성姓에서 편재(5)가 편관(7)을 생조하니 성공이 순조롭고 대업을 달성하며 명예가 높고 책임감이 강하여 문무에 능하고 주위의 도움을 많이 받고 영적인 감각이 발달되어 선견지명이 있고 부귀가 따르는 대길한 배합이다. 후천명운에 재관인(5,7,9)이 있으니 다소 아쉬움이 있다.

乾 **丙 戌**(戌:지장간, 정기) 1946

편인 ❾ 戊 비견 ❶ 丙	**윤**⊕	戊 ❶ 비견 丙 ❸ 식신
편관 ❼ 庚 비견 ❶ 丙	**진**⊕	庚 ❾ 편인 丙 ❸ 식신
정관 ❽ 辛 상관 ❹ 乙	**식**⊖	辛 ⓿ 정인 乙 ❻ 정재

선천중심명운은 비견(1)이 편관(7)으로 동화되어 편관(7)의 특성이 더욱 강하게 작용한다. 성질은 의지가 강하고 노력성이 대단하며 자존심도 강하고 독립심도 있고 고집도 세다.

또한 활동적이고 성급하며 화끈하고 명예욕이 대단하여 권세욕이 강하므로 남에게 이기는 것을 좋아하고 지는 것을 수치로 알고 목적을 달성하기 위한 의욕이 넘친다. 과감성과 신속한 행동, 개방적인 성격은 정치, 법률, 군경, 의약, 정보, 작전, 전사, 통신 등의 분야에서 두각을 나타낸다.

관비(7,1)는 많은 어려움을 극복하고 자립 대성하며 명석한 두뇌는 천하대세를 간파하고 만인을 통솔하는 귀격의 배합이다. 명예를 중히 여기고 재물을 가볍게 여기므로 재물풍파가 종종 생기고 너무 교만하면 관재官災가 생긴다.

후천명운에 식상(3,4)과 인성(9,0)이 있으니 지혜와 덕망을 겸비하고 성공 발전하며 복록이 많고 대지대업大志大業을 완수하고 부귀가 따르는 대길한 배합이다. 끝글자에서 상관(4)이 정관(8)을 극제하고 루천명운의 끝글자에서 재인(6,0)이 상극되어 안타깝다.

21. 상생이 되어도 불길한 이름

坤 **癸 丑(己:지장간, 정기)** 1973

상관 ❹ 庚 정재 ❻ 戊	**송** ⊕	庚 ⓿ 정인 戊 ❷ 겁재
정재 ❻ 戊 정관 ❽ 丙	**은** ⊕	戊 ❷ 겁재 丙 ❹ 상관
정재 ❻ 戊	**희** ⊕	戊 ❷ 겁재

선천중심명운의 재관(6,8)이 상생相生이 되어 재물과 남편 복이 길하고, 성姓에서 식재(4,6)가 상생相生되고 끝 글자의 정재(6)가 중심명운의 정관(8)을 생조生助하니 원명原名이 모두 상생相生이 되었다.

후천명운에서도 겁재(2)가 상관(4)을 생조生助하여 대길한 이름이다. 그러나 과유불급過猶不及이라 선천명운에서 재성(6)이 과다하여 관성(8)이 매몰되었고 겁재(2)가 과다하여 상관(4)이 더욱 흉하게 작용하여 남편을 뜻하는 관성(8)을 손상損傷시켜 남편과 이별하였다.

재성(5,6)이 중중하면 생활력이 강하고 의지력은 많으나 수단이 없고 성패가 다단하고 이기적이고 고집이 대단하니 부부간에 충돌이 잦고 재물걱정이 많다. 성질을 가다듬고 융화에 힘쓰면 일생이 안락하다. 명리육친에서 토기土氣가 과다하여 화기火氣가 설심泄甚되어 토다화회土多火晦가 되는 것과 같은 이치이다.

坤 **辛 亥**(壬:지장간, 정기) 1971

식신 ❸ 己	이 ㊀	己 ❻ 정재
비견 ❶ 辛	소 ㊀	辛 ❹ 상관
상관 ❹ 戊 상관 ❹ 戊	형 ㊉	戊 ❺ 편재 戊 ❺ 편재

선천중심명운은 비견(1)인데 성姓에 식신(3)과 끝 글자의 상관(4)을 생조生助하니 식상(3,4)으로 완전하게 동화되었고, 후천중심명운이 상관(4)이니 더욱더 상관(4)의 특성이 강하게 작용한다.

상관(4)은 낭만적이면서도 감수성이 예민하고 타인의 속박을 싫어 할 뿐만 아니라 규칙에 얽매이는 것을 싫어하고 고독한 생활을 즐기는 경향이 있다. 또한 예지력과 창의성이 뛰어나고 인내심이 풍부하기 때문에 예체능계에 소질이 있고 종교계로 진출하여 대성하는 사람이 많다. 본명本名은 남편인 관살(7,8)을 간접적으로 극제剋制하게 되므로 결혼이 늦거나 독신으로 살아가게 된다.

명리육친에서 토기土氣가 태왕太旺하면 금기金氣가 매몰되는 현상으로 토다금매土多金埋가 되는 이치와 같다.

戊 戊(戊:지장간, 정기)

坤 1958

겁재 ❷ 己	안㊀	己 ❷ 겁재
상관 ❹ 丁		丁 ❹상관
비견 ❶ 戊	흥㊉	戊 ❶ 비견
비견 ❶ 戊		戊 ❶ 비견
편인 ❾ 庚	숙㊉	庚 ❾ 편인
편재 ❺ 甲		甲 ❺ 편재

선천중심명운은 비견(1)인데 중첩되어 재성(5,6)를 간접적으로 극제하니 조실부모의 기운이 작용하고 분주다사하며 사회활동을 하며 여장부의 기질을 가지고 있다.

성격이 화끈하고 솔직한 것을 좋아하고 속에 담아두지를 못한다. 그러므로 부부간에도 내 주장이 강하니 비견(1)이 상관(4)을 생조生助하여 간접적으로 관성(7,8)을 무시하게 된다. 그러므로 부부이별 수가 있었고 재물이 한결같지 않으니 풍상고락을 많이 겪으며 살아간다.

비겁(1,2)과 식상(3,4)이 만나면 자존심이 더욱 강하며 주위를 살피지 않고 무모하게 행동하여 스스로 고독하게 지낸다. 비겁(1,2)이 중중하면 조실무모하고 부부이별 수가 있으며 사회활동을 하면 대길한 배합이다. 끝 글자에서도 재인(5,9)이 서로 상극되어 선고후락先苦後樂하여 부귀를 얻는다고 하여도 말년이 고독하고 풍파를 보낸다. 명리육친에서 토기土氣가 태왕太旺하면 화기火氣가 설심泄甚하니 토다화식土多火熄되는 이치와 같다.

22. 유년에 삼형살이 일어나는 이름

乾 丁 巳(丙:지장간, 정기) 1917

정재 ❻ 壬 상관 ❹ 甲	박 ⊕	壬 ❺ 편재 甲 ❸ 식신
편관 ❼ 辛 편인 ❾ 己	정 ⊖	辛 ❽ 정관 己 ⓿ 정인
정인 ⓿ 戊	희 ⊕	戊 ❾ 편인

선천중심명운은 편관(7)과 편인(9)으로 배합되어 있다. 甲寅년(1974년)에 육영수 여사가 사망했고 乙未년(1979년)에는 믿는 김

재규 당시 중앙정보구장에게 시해 당하였던 것은 선천명운에 상겹(4,2), 재관(5,7)과 정관(8)이 들어온다.

중심명운 편관(7)을 편재(5)가 생조하고 편인(9)을 편관(7)이 생조하니 재관인(5,7,8)이 동화되어 더욱 강한 흉 운으로 변하였다. 원명原名의 중심명운 편관(7)은 편인(9)을 생조生助하였고 유년운의 편재(5)와 편관(7)이 생조하니 편인(9)으로 동화되어 더욱 강한 흉凶 운으로 변화되었다. 후천명운에서도 편인(9)이 들어왔다.

乾 **丙 寅(甲:지장간, 정기)** 1926

식신 ❸ 甲 편재 ❺ 壬	**김**⊕	甲 ❶ 비견 壬 ❸ 식신
정관 ❽ 辛	**재**⊖	辛 ❻ 정재
상관 ❹ 乙	**규**⊖	乙 ❷ 겁재

선천중심명운에 관재(8,6)가 있어 부귀 하지만, 끝 글자의 상관(4)이 정관(8)을 극제剋制하고 있다. 후천명운에도 식신(3)이 정재(6)를 생조하여 대길하지만, 끝 글자의 겁재(2)가 정재(6)을 극제剋制하니 단명할 수밖에 없다.

己未년(1979년)은 중심명운에 편인(9)이 들어와 정관正官을 생조生助하고 있으나, 후천명운에서는 모두가 동일한 명운으로 들어와 하극상下剋上을 하여 1980년 5월24일 서울구치소에서 형장의 이슬로 사라졌다.

상관(4)이 정관(8)을 극제하면 관재송사가 일어나고 불의의 형액이 있으며 겁재(2)가 정재(6)를 그제하여도 재물이 파손되거나 처궁이 산란하여 이별수가 있고 단명한 배합이다.

乾 **癸 亥**(壬:지장간, 정기) 1923

정인 ⓿ 甲 겁재 ❷ 壬		김⊕		甲 ❾ 편인 壬 ❶ 비견
정인 ⓿ 甲		계⊕		甲 ❾ 편인
편재 ❺ 己 편관 ❼ 丁		원⊖		己 ❻ 정재 丁 ❽ 정관

선천중심명운은 정인(0)이다. 정인(0)은 학문과 복록과 수명을 나타내므로 지혜가 뛰어나고 총명하며 인의를 알고 자비심이 있다. 육친으로는 어머니를 뜻하므로 자녀를 훈도하는 부모의 기운이 있기 때문에 심성이 넓고 포용력이 있으며 자상하면서도 때로는 차고 냉정하며 부모형제에 대한 애정이 남보다 강하다.

강유겸전하면서도 지성적이고 전통을 지키려는 보수성이 강하며 최상의 긍지를 가지고 있기 때문에 수재가 많고 학업성적이 우수하며 특출한 지도자가 많이 나온다.

성姓에서 겁재(2)가 정인(0)에 동화되어 부귀가 따르고 공명이 진동하여 복수겸전하고 주위의 도움이 많고 순조롭게 성공한다.

끝 글자의 편재(5)가 정인(0)을 극제剋制하니 재물과 처궁에 애로가 있을 수 있으나 편관(7)을 생조生助하니 오히려 활동적이고 책임감이 강하며 영적감각이 발달되어 선견지명이 있다. 본명本名은 박정희 대통령 시절에 육군총장과 중앙정보부장을 지내고 1979년 10, 26 사태 때 비서실장이였으며 94세에 사망하였다.

23. 자살 · 패륜아의 이름

乾 **辛 卯**(乙:지장간, 정기) 1951

겁재 ❷ 庚 상관 ❹ 戊	**성**⊕	庚 ❻ 정재 戊 ❽ 정관
식신 ❸ 己 편재 ❺ 丁	**완**⊖	己 ❼ 편관 丁 ❾ 편인
비견 ❶ 辛 식신 ❸ 己	**종**⊖	辛 ❺ 편재 己 ❼ 편관

선천중심명운은 식신(3)이므로 성질은 도량이 넓고 어진 인격을 갖고 있으며 복록이 많고 안정된 시기에 힘을 발휘하고 부귀를 누린다. 성姓에서 상관(4)이 동조하니 자존심이 강하게 되고 머리의 회전이 빠르게 돌아가 육감도 발달하고 섬세하며 감수성이 강하며 알 수 없는 냉정한 사람으로 바뀐다. 또한 예지력과 창의성, 인내심이 풍부하기 때문에 유행의 첨단을 달리는 직업에서 특유의 소질을 발휘한다.

중심명운에 재성(5)이 있으니 복록이 많고 가재가 윤택하며 장수행복하고 일생이 안락하게 살아 갈 수 있지만, 끝 글자의 비겁

(1)이 재성(5)을 극제剋制하니 사업이 대흉하고 패가망신하는 배합이다. 후천명운에는 관성(7,8)이 중첩되어 있고 재관인(5,7,9)이 있으니 분주다사하고 항상 위험이 따라 단명, 횡액, 불구, 형액, 관재송사, 교통사고, 가까운 사람에게 배신을 당하기도 한다.

종합해 보면 선천명운에 식상(3,4)이 중첩되어 있고, 후천명운에 관성(7,8)이 중첩되어 있으면 관성(7,8)이 극제剋制되어 자살, 구속 등 관재송사가 일어나는 대흉의 배합이다.

乾 **己 未(己:지장간, 정기)** 1979

	성명	
비견 ❶ 己	이㊀	己 ❶ 비견
편인 ❾ 辛 식신 ❸ 丁	준㊀	辛 ❾ 편인 丁 ❸ 식신
겁재 ❷ 戊 겁재 ❷ 戊	형㊉	戊 ❷ 겁재 戊 ❷ 겁재

선천중심명운은 편인(9)과 식신(3)으로 배합되어 있다. 편인(9)의 특성은 총명하고 문장력이 뛰어나고 임기응변의 재능을 가지고 있으며 뛰어난 지략이 있어 남의 지배를 받고 복종하는 것을 싫어하며 다른 사람의 명령과 속박도 반대한다.

창의적 연구와 독창성을 갖춘 아이디어가 풍부하지만 마음대로 되지 않아 복수 손상하며 파재나 조실부모, 배우자와의 비애, 조난, 단명, 관재, 형제로 인한 애로가 있다.

식신(3)이 상극相剋을 하니 주위의 도움이 없고 형벌, 횡액 등 불행과 비운이 따른다. 성姓과 끝 글자가 모두 비겁(1,2)이니 성격이 괴팍하고 재성(5,6)을 극제剋制하니 아버지와 상극相剋이다.

乾 **戊 申(庚:지장간, 정기)** 1968

편인 ❾ 庚	**최**㊉	庚 ❶ 비견
편인 ❾ 庚 식신 ❸ 丙	**진**㊉	庚 ❶ 비견 丙 ❺ 편재
정인 ⓿ 辛 상관 ❹ 丁	**실**㊀	辛 ❷ 겁재 丁 ❻ 정재

선천중심명운은 편인(9)과 식신(3)이 중첩되어 있으니 예술이나 예능계통에 소질이 있는 배합이다. 원명(原名)에 인수(9,0)가 태왕太旺하니 간접적으로 재성(5,6)을 극제剋制하여 재산의 손실이 있거나 부친과 인연이 없다.

후천명운에서도 군겁쟁재群劫爭財로 형제간에 불행을 초래하거나 사업상의 손재를 당하거나 부모의 덕이 없는 배합이다. 또한 남편에 해당하는 관성(7,8)이 없으니 남편과도 애로가 많다.

戊子년(2008년)에 악성루머로 시달리다가 목을 매고 숨을 끊었으며 2년 뒤 庚寅년(2010년)에는 동생 최진영, 癸巳년(2013년)에는 남편 조성민도 극단적인 선택을 했다.

원명原名은 상극相剋이 태과太過하므로 풍상고락을 많이 보내고 고독하며 병고, 파재, 조난, 불구, 단명의 액운이 따른다. 인수(9,0)가 태왕하여도 자식을 나타내는 식상(3,4)을 극제하니 자식에게도 애로가 많다.

지은이

의학박사 정창근

청주고등학교 졸업, 육군3사관학교 졸업, 건국대학교 졸업,
한양대학교 행정대학원 졸업, 한양대학교 의과대학원 졸업

동방문화대학원대학교 미래예측학과 겸임교수
대전대학교 대학원 철학과 겸임교수
육군중령 예편, 現한양명리상담지도사연구회회장,
現한국명리육친성명학회회장,
現한국 디지털과학 명리육친작명학연구원원장,
現(사)한국동양철학연구원원장
現한양대학교 사회교육원 명리상담학 교수

명리학통론 Ⅰ,Ⅱ
명리학 통감
명리학 통어
척천수 천미평주
주역을 통한 인체질병 예측 연구
장기별 중증 질환 증상의 발현과 명리학적 연구
질병예측에 대한 명리학적 분석
이름이 인성과 삶에 미치는 영향
이름이 건강과 성공에 미치는 영향
02) 2294-5558 010-8966-5436

명리육친성명학(命理六親姓名學)

초판 2쇄 2022년 10월 7일

지은이 정창근

펴낸이 장석홍

펴낸곳 도서출판 장서원

주소 서울 용산구 한강대로 88길 21-5

전화 703-5362 팩스 713-7436

등록 제 03-01213호

E-mail moonumsa@hanmail.

정가 20,000원